現代聖書注解スタディ版

マルコによる福音書

R.I. ダイバート◉著
挽地茂男◉訳

日本キリスト教団出版局

Mark
Interpretation Bible Studies
by Richard I. Deibert

---

tr. by HIKICHI Shigeo
Translated by Permission of
Westminster John Knox Press, Louisville, KY
Published by
The Board of Publications
The United Church of Christ in Japan
Tokyo, Japan

［凡　例］

1　本書は Richard I. Deibert, *Mark*, Interpretation Bible Studies, Westminster John Knox Press, Louisville, 1999 の全訳です。

2　聖書各書の引用および固有名詞は、原則として『聖書　新共同訳』（日本聖書協会）に準拠しました。聖書各書の表記は次のとおりです。（　）内の表記は聖句表示の際のものです。

〈旧約聖書〉　創世記　出エジプト記　レビ記　民数記　申命記　ヨシュア記　士師記　ルツ記　サムエル記上　サムエル記下　列王記上　列王記下　歴代誌上　歴代誌下　エズラ記　ネヘミヤ記　エステル記　ヨブ記　詩編　箴言　コヘレトの言葉　雅歌　イザヤ書　エレミヤ書　哀歌　エゼキエル書　ダニエル書　ホセア書　ヨエル書　アモス書　オバデヤ書　ヨナ書　ミカ書　ナホム書　ハバクク書　ゼファニヤ書　ハガイ書　ゼカリヤ書　マラキ書

〈新約聖書〉　マタイによる福音書（マタイ）　マルコによる福音書（マルコ）　ルカによる福音書（ルカ）　ヨハネによる福音書（ヨハネ）　使徒言行録（使徒）　ローマの信徒への手紙（ローマ）　コリントの信徒への手紙一（Ｉコリント）　コリントの信徒への手紙二（IIコリント）　ガラテヤの信徒への手紙（ガラテヤ）　エフェソの信徒への手紙（エフェソ）　フィリピの信徒への手紙（フィリピ）　コロサイの信徒への手紙（コロサイ）　テサロニケの信徒への手紙一（Ｉテサロニケ）　テサロニケの信徒への手紙二（IIテサロニケ）　テモテへの手紙一（Ｉテモテ）　テモテへの手紙二（IIテモテ）　テトスへの手

紙（テトス） フィレモンへの手紙（フィレモン） ヘブライ人への手紙（ヘブライ） ヤコブの手紙（ヤコブ） ペトロの手紙一（Ⅰペトロ） ペトロの手紙二（Ⅱペトロ） ヨハネの手紙一（Ⅰヨハネ） ヨハネの手紙二（Ⅱヨハネ） ヨハネの手紙三（Ⅲヨハネ） ユダの手紙（ユダ） ヨハネの黙示録（黙示録）

3 〔 〕でくくられた箇所は、翻訳に際して文意の理解のために補った言葉か訳注。[ ] は原著者による補足です。

4 原著に記された英語版聖書のテキストが新共同訳聖書の訳と相違する場合は、原著の引用元を付記しました。

NRSV New Revised Standard Version

装丁・レイアウト 熊谷博人
カバー写真 横山 匡

目次

シリーズ・イントロダクション

聖書は、世界における神の存在と救済の御業（みわざ）を証言し、創造と審判、愛と赦（ゆる）し、恵みと希望を使信として伝え、登場人物や物語の印象を深く刻みつけ、人間生活に挑戦し、信仰を形づくる力をもっているがゆえに、長きにわたって尊ばれてきました。代々、人々は聖書のうちに霊感と教示を見出してきましたし、その間ほとんど、注解者と学者は聖書を学ぶ者たちを助けてきました。本シリーズ、「現代聖書注解スタディ版」（以下「スタディ版」）は、聖書研究に斬新な仕方でアプローチすることによって、この偉大な学問研究の遺産を受け継ぐものです。

「スタディ版」は、個人やグループで容易かつ柔軟に使用できるように工夫をこらし、読者が聖書の歴史や神学について学び、聖書の章句の時に難解な言語を理解し、人間生活における神の御業についての聖書の記事に驚嘆する手助けをするだけでなく、弟子たることを求める聖書の挑戦を受け止める手助けもします。「スタディ版」は聖書についての知識を深め、現代世界におけるキリスト者としての忠実な生活を営むための健全な導きを提供します。

「スタディ版」はつぎのような三つの確信から発展してきました。第一に、聖書は教会の書物であり、キリスト者の理解によれば比類なき権威の座を占めているという確信。第二に、良い学問性とは読者が聖書の真理を理解し、聖書を通して語られる神についての知覚を鋭くする手助けをするものであるという確信。第三に、聖書について深く知ることによって、実りある倫理的・霊的な生活がもたらされるという確信です。

「スタディ版」各巻は、聖書中の一つの書物について重要な章句からなる十の短い単元で構成されています。これらの単元を読み進んでいくことによって、読者はその書物全体の概観を得ることができます。各単元は地図や写真や鍵となる言葉についての定義やさらに研究を進めていくための資料の示唆といったような研究の手助けとなるものを含んでいます。

「現代聖書注解スタディ版」は、説教者や教師の準備の手助けとなるシリーズである有名な「現代聖書注解」(*Interpretation commentaries,* John Knox Press刊、邦訳：日本キリスト教団出版局刊）に負っています。各「スタディ版」はそれと対応する「現代聖書注解」と深いつながりをもっていますが、「スタディ版」は単独で使用することができます。読者は「スタディ版」から益を得るために「現代聖書注解」と親しむ必要はありません。けれども聖書についてもっとそれ以上に学びたいと思う人は、「現代聖書注解」もまた参照することによって、益を得ることができるでしょう。

「現代聖書注解スタディ版」が促すような聖書との出会いを通して、教会は聖書において新たに語りたもう神を見出し続けるでしょう。

—— Westminster John Knox Press

日本語版監修　大島　力
中野　実

マルコによる福音書への イントロダクション

ようこそ。あなたはマルコによる福音書を学ぶ決心をされたのですね。ことによるとあなたの教会の牧師先生は、今、マルコによる福音書から説教をなさっていて、あなたは礼拝のために準備をしておきたいとお考えなのかもしれません。あるいはあなたは、初めてキリスト教信仰に触れて、イエス・キリストの物語を最も初期の語りのかたちで聞いてみたいとお考えなのかもしれません。ことによるとあなたは、聖書の学びについては豊かな経験の持ち主で、本書を新しい一冊として読破しようとされているのかもしれません。マルコによる福音書に取り組もうとされるあなたの理由がどんな理由であれ、あなたは勇気ある決断をなさったのです。でも、マルコによる福音書は、やさしくはないでしょう。

[1] 神の子イエス・キリストの福音の初め。
[2] 預言者イザヤの書にこう書いてある。「見よ、わたしはあなたより先に使者を遣わし、／あなたの道を準備させよう。
[3] 荒れ野で叫ぶ者の声がする。『主の道を整え、／その道筋をまっすぐにせよ。』」

マルコによる福音書がやさしくない理由は、二つあります。まず第一に、マルコが洗練された芸術家だからです。彼は、イエス・キリストの福音を描くのに、読者に理解するための努力を求めるような筆使いで描いています。彼は、アイロニー、隠喩、簡潔な文体、並行表現、反復、沈黙、唐突な中断といった表現法の背後に、イエス・キリストの豊かな真理を隠しているのです。ですから熱意をもってこの福音書に立ち向かってください。なぜならマルコによる福音書は、解釈に必要なすべての筋肉をストレッチさせ伸ばして――そして満足させて――くれるからです。優れた芸術作品と向き合うのと同じように、見る側に変化する用意があるなら、忍耐をもってその作品の前に立たなくてはならないのです。そうしているうちに、み言葉は肉となるでしょう。

マルコによる福音書がやさしくない第二番目の理由は、キリストの弟子であるということがたやすくないことだからです。「マルコ」が一つの教会を導く牧会者であれ、いくつか複数の教会を導く牧会者であれ、あるいは――いっそう可能性が高いのは――複数の教会を集合的に指導する牧会者を意味しているとしても、彼は、1世紀の患難と混乱の中で、小心な弟子たちが味わう試練と苦難を同じく経験した人なのです。マルコは、キリストの弟子として生きることを、妥協を許さない決断を必要とする事柄であり、直接的には心地よい結果には結びつかないものとして描く傾向があります。同時に彼は首尾一貫して、この決断は他のいかなる人間的決断にまさって必要で価値があると主張するのです。

福音書とは何か?

マルコによる福音書は最も短い福音書であり、実際に「福音」を自称している唯一の福音書であり、マルコは一般に最初に書かれた福音書として認知されている福音書です。グーテンベルク聖書から500年も後の時代に生きるわれわれ現代人にとって、このことはさほど感動的なことではないでしょう。しかしマルコにとって、福音書を書く決心をするということは、大胆な決断だったのです。世界は、マルコの決断以前には、福音書のような文学作品を知りませんでした。世界は物語を知ってはいましたが、福音書は物語以上のものです。世界は伝記を知ってはいましたが、福音書は伝記以上のものです。世界は歴史を知ってはいましたが、福音書は歴史以上のものです。世界は英雄伝を知ってはいましたが、福音書は英雄伝以上のものです。マルコによる福音書以前には、わたしたちが福音書として知っている文学様式は存在しなかったのです。われわれの推定では、福音書という文学様式を創始したのは、マルコなのです。

　では、福音とは何でしょうか。大方の人々が、福音という言葉が「よい知らせ」といったたぐいの意味をもっていることを知っています。残念ながら、わたしたちの大部分にとって、「よい知らせ」という用語は、新鮮味を欠いたものになっています。おそらくわたしたちは、近年さまざまな悪い知らせを耳にしているために、「よい知らせ」という言葉の意味がわからなくなっているのです。「福音」という言葉は、より正確に翻訳すると、「喜ばしい音信（おとずれ）〔吉報〕」という意味であって、それゆえ喜びの叫び声という情緒的な内容をもっています。福音をこのように考えると、あなたは、マルコによる**神の子イエス・キリストについての喜びの叫び**を学ぶという選択をされたことになるのです。

マルコとは誰であったのか？

古代の伝承はこの福音書をパウロの随行者であったヨハネ・マルコに結びつけている。しかしながら、現代の研究者の大半が、著者が未知の人物であることに同意している。さらなる情報については「マルコによる福音書」（加藤善治）『新共同訳 聖書事典』（590-91 頁）。

　一つの芸術（アート）様式として、福音書は説教や聖礼典（サクラメント）の隣接領域に属しています。説教は教え、宣言し、定義するために言葉を使いますが、より大きな目的をもっています。聖礼典（サクラメント）は想起させ、表現し、伝達するためにシンボルを使いますが、その目的はより大きなものです。マルコの新しい文学的試みは、説教に似た一面があると同時に聖礼典（サクラメント）に似た一面もあるのです。マルコは、彼の読者を個人的に物語の中に引き込んで、彼ら自身がイエス・キリストと直面し、十二弟子が経験したように、イエス・キリストを経験することを望んでいます。マルコは彼の読者が、昔の十二弟子と同じジレンマ、選択、失敗、混乱、不安、そして喜びに、共鳴し合うことを望んでいるのです。マルコは、わたしたちにイエス・キリストについての喜びの叫びを聞かせるために書いたのではなく、わたしたち自身がその喜びの叫びを叫ぶようにさせるために書いた、と言えば十分でしょう。

旅するための地図

この現代聖書注解スタディ版シリーズの企画は、聖書の中でも物語の形をとっている書物に関して、特に苦慮しました。物語は読者に、理解可能な物語的連続性を提示しようと努めます。ですからマルコ福音書のような複合的な物語を、十の単元（ユニット）の学びに凝縮することは、マルコの物語の連続性とその包括的な力を弱めてしまう可能性があるのです。ゆえに、わたしたちは怠らず勤勉な読者であるように努めたいと思います。

これらの単元（ユニット）のどれかを始める前に、さまざまに変化する調子の豊かさを味わうために、福音書の物語全体を声に出して――なるべくグループで声に出して――読んでみましょう。その次は、特定の単元（ユニット）に向こう見ずにいきなり飛び込まずに、取り上げられている箇所の前後を読んで、個々の箇所の内容を学ぶ以前に、物語のより大きな文脈を学んでおきましょう。マルコは、物語の始まり、結び、順序、繋がりについて、たくさんの芸術的な決断をしています。マルコの福音書の全体的な構成は、次頁のアウトラインに示されているように、単純です。しかしながら、物語の主要部分はそれぞれ、独自の強調点、口調、物語技法をもっています。わたしたちは学ぶ際に、わたしたちがマルコの旅のどこにいるのかを注意しましょう。わたしたちは、この学びをしている間、聖書を目に入るところに置いておきましょう。新改訂標準訳聖書（NRSV）〔本訳書は基本的に『聖書 新共同訳』を用いる〕と筆者の個人訳が頻繁に使用されますが、意訳されていない聖書であれば、どの翻訳でもかまいません。この学びはギリシア語テキストに従っていますので、良い翻訳聖書を細かく参照されることは助けになるでしょう。そしてわたしたちは、率直な読者でいるよう心がけましょう。あなたの心とあなたの頭に対して、質問を投げかけてください。著者と議論をしてください。教会と議論をしてください。聖書のテキストと議論をしてください。神と議論をしてください。

次のアウトラインは、マルコによる福音書全体を単純化したアウトラインです。このアウトラインを、わたしたちが旅をする〔マルコという〕国の全体を示す地図だと思ってください。この旅の途中で、わたしたちはマルコの国で10の箇所に立ち寄ります。それぞれの逗留地点において、わたしたちは、その特定の土地の深い泉からくみ出される水を味わうことによって、この国全体を経験しようとするのです。わたしたちがこの各箇所のローカルな文化に没頭する時、ときどきこの地図をふり返って見て、わたしたちがこの国全体のどこにいるのかを思い出すことは有益だと思います。

アウトライン

Ⅰ	マルコ1：1－15	始まり
Ⅱ	マルコ1：16－8：21	ガリラヤ
Ⅲ	マルコ8：22－10：52	ガリラヤとエルサレムの間
Ⅳ	マルコ11：1－15：47	エルサレム
Ⅴ	マルコ16：1－8	結び

道しるべ

マルコによる福音書に関するさらなる文献としては、L. ウィリアムソン、現代聖書注解『マルコによる福音書』(山口雅弘訳、日本キリスト教団出版局、1987年)、ダグラス R. A. ヘア『マルコによる福音書』(Douglas R. A. Hare, *Mark*, Westminster Bible Companion [Louisville, Ky.: Westminster John Knox Press, 1996])、ウィリアム・バークレー『マルコ福音書』(大島良雄訳、ヨルダン社、1968年)を参照。

もう一度言いますが、この学びを開始する前に、どうぞ声を出してこの福音書全体を読んでください。そうすることによって、あなたは各文章の文脈に敏感になるだけでなく、福音書全体を一気に読むことによって、マルコの語りの花からマタイの語りの花に授粉したり、あるいはルカや、あるいはヨハネの花にさえ授粉してしまうのを避ける手助けとなるでしょう。この相互授粉は、他の物語に特有な細部が無意識のうちに(あるいは意識的に)、マルコの物語に——マルコがそのように語っていないにもかかわらず——移行されて、蓄積される時に起こります。相互授粉は、確かに時には有益でありますが、それは同時にマルコの物語の芸術的手腕と特殊性を半減させる可能性もあるのです。

あなたが物語全体を声を出して読む時、マルコの独特の語り方に注意してください。マルコが使っている次のような、ひねり、展開、物語技法に注目してください。

- 突然性と即時性——「すぐに」を意味する語群が40回以上あらわれ、物語の速度を加速しています。突然始まったり、突然終わったりすることさえあります。
- 思想信条を志向するイエスよりも力強い行動志向のイエスを強調するために、奇跡行為が用いられています。
- イエスの教師としての役割がいくぶん縮小されています——つまり他の福音書の記事よりも教えの言葉が少ないの

です。

・生き生きと、具体的に、詳細を語る――しかし一見したところぎこちなく見える――物語の文体。

・時には物語の流れや推移に無関心であるかに見えるような、並行配置された物語。そこでは出来事や場面が、著しいコントラストの内に――並べて――配置されています。

・物語の結末が、重心として機能し、物語を結末に向けて仮借なく引き動かしています。

・二重記事（ダブレット）（同じ種類の物語が二つ。例えば、二つの湖上の奇跡と二つのパンの奇跡）、三部構成のパターン（例えば、種蒔きの譬え、受難予告、ペトロの否認）、そしてサンドイッチ技法〔物語を他の物語の中にはさみこむ手法〕が使われます。

・イエスを隠すこと（「メシアの秘密」）によってイエスを啓示するマルコ独特の方法。ふつうは、「誰にも何も言ってはならない」や「イエスは彼らに厳しく命じて、このことを誰にも知らせないように言った」というような表現を特徴とします。

・登場人物の逆方向の発展――物語が前進するにつれて、イエスの性格描写（キャラクター）がより詳細になる一方で、彼の弟子たちの

もっと知るには？

福音書の発展について――

ウィリアム M. ラムゼー『ウェストミンスター聖書の各書案内』（William M. Ramsay, *The Westminster Guide to the Books of the Bible* [Louisville, Ky.: Westminster John Knox Press, 1994], 289−316）、ジョン・バートン『聖書はどのようにして成立したか』（John Barton, *How the Bible Came to Be* [Louisville, KY.: Westminster John Knox Press, 1998], 18−22, 44−46）、アーチボルド M. ハンター『新約聖書入門』（Archibald M. Hunter, *Introducing the New Testament*, 3d rev. ed.[Philadelphia: Westminster Press, 1973], 23−26）、荒井献編『新約聖書正典の成立』（日本キリスト教団出版局、1988）、E. J. グッドスピード『古代キリスト教文学入門』（R. M. グラント補訂、石田学訳、教文館、1994）、G. タイセン『新約聖書――歴史・文学・宗教』（大貫隆訳、教文館、2003）を見よ。

性格描写(キャラクター)が簡略になります。

- イエスのガリラヤにおける公的な活動とエルサレムにおける私的な活動の性格が、劇的に異なっています。
- イエスに対する称号が、誰がそれを使うかによって異なっています――例えば、「メシア」、「ダビデの子」、「神の子」はイエス以外の人々の口に置かれ、「人の子」はもっぱらイエスの口に置かれます。

もっと知るには？

各福音書の内容やテーマについて――ダンカン S. ファーガソン『聖書の基礎――聖書の内容をマスターする』(Duncan S. Ferguson, *Bible Basics: Mastering the Content of the Bible* [Lovisville, Ky.: Westminster John Knox Press, 1995], 57–65)、ハンター『新約聖書入門』(Hunter, *Introducing the New Testament*, 37–70)、土戸清『現代新約聖書入門』(日本キリスト教団出版局、1979)、荒井献他『総説 新約聖書』(日本キリスト教団出版局、1981)を見よ。

楽しむこと

なによりも、聖書を楽しんでください。本書の著者は、ひとつの信仰の伝統に属しています。そしてその伝統は、躊躇なく次のように宣言します。人間としてのわたしたちの「生きるおもな目的」は「神の栄光をあらわし、永遠に神を喜ぶ」ことである(ウェストミンスター大教理問答、問1)。神を喜ぶためには、友と一緒に旅を続けながら、聖なるテキストを楽しむ以上に、すぐれた方法はありません。実際、それは有頂天になるほどの喜びです。ユダヤ教のタルムードが大いなる喜びをもって励ましているように、「そのページをめくれ、ページをめくれ、ページをめくれ」。聖書のような芸術作品の前に不機嫌な気持ちで座ることは、最悪の忘恩なのです。

教会の役員は選出される時に、「あなたは力と知性と想像力と愛をつくして人々に仕えるように努力しますか」と諮問されることがあります。この質問は、聖書に向かうわたしたちの態度を問う際に、最も相応しい質問です。もしあなたが、あなたの読んでいる聖書と議論したい気持ちになったなら、その時には気を引き締めて、そして議論しなさい。もしあなたが知的な刺激を受けたなら、考えなさい。もしあなたが霊感を受けたなら、夢を見なさい。もしあなたが、神の心臓があなたのために鼓動するのを感じるなら、誰かを見いだしそして愛しなさい。

しかしお願いですから、あなた自身にまた教会に、情熱のない学びから生じる害がもたらされることを許さないでください。

> エウアゲリオ［Euagelio］（わたしたちはそれを福音とよぶ）は、偉大な言葉であり、
> 良き、楽しき、うれしき、喜びにあふれし音信なり。
> そは人の心に喜びを与え、
> 人は、歌い、踊り、喜びに舞い上がる。（注）

（注）
イギリスの宗教改革者ウィリアム・ティンダル（William Tyndale, 1492 頃–1536）の言葉。『新約聖書への序言』（*Prologue to the New Testament*, 1525）に記されている。彼は、聖書を英語に翻訳するという危険をおかしたために火刑に処せられた。引用は、ヒュー T. カー『単純な福音――キリスト教信仰の再考』（Hugh T. Kerr, *The Simple Gospel: Reflections on Christian Faith* [Louisville KY.: Westminster/John Knox Press, 1991], 72）より。

マルコによる福音書
1章1－15節

秘密（ミステリー）※があらわれる

マルコは、目を見張るような力強さで、イエス・キリストについての物語を始めています。わたしたちはこの物語を15節も読み進まないうちに、この歴史上の瞬間が、世界にとって中心的な瞬間であることに気がつきます。この瞬間より前に起こったすべてのことは、秘か（ミステリアスリイ）にこの瞬間に向かって進行してきたのです。またこの瞬間以降、起きるすべてのことはこの瞬間を振り返ることになります。

マルコは、「時中の時」（time-within-time）がイエス・キリストにおいて実現されたと信じています。それゆえ彼は、忍耐と切迫感の混ざり合った相反する感情を伝えるために、福音書冒頭の部分を入念に作り上げています。彼の文体は、神が忍耐強くこの世界におけるこの特別な時を待っておられたけれども、いったん歴史がこの瞬間に達するやいなや、神は直接的かつ迅

※訳注

原著の言葉は“The Mystery Appears”である。“mystery”（μυστήριον）はマルコ研究の古典W. ヴレーデの『福音書におけるメシアの秘密』（1901年）以来、マルコによる福音書の解釈のキーワードとされており、「秘密」と訳すのがマルコ研究の流れに沿った訳語選択ではある。ただ、原著には“secret”という言葉も使用されるので、本訳書においては前者に「秘密（ミステリー）」とルビを付して両者を区別した。

速に行動されたという明確な感覚をわたしたちの中に作り出します。つまりマルコの文体と物語のテンポは、ことの重大性を伝えています。彼にとって、イエス・キリストは世界へ向けた神の最大の働きかけなのです。ナザレ出身のこの特別な人は、生と死に関するわたしたちの最も深い恐れに向かって、究極的に語りかけてきます。

マルコは、物語を浪費しません。彼は、マタイとルカが数章を使って余裕をもって書き上げている内容を、最初の15節で書き上げてしまいます。わたしたちがイエスの公的な宣教活動の最初の具体的な出来事に読み進んだ時、つまり14－15節に達した時、すでにわたしたちは、この特別なユダヤ人と彼の宣教がイスラエルの預言者的権威と、天来の認証の言葉と、天使の働きと、個人的な証言の確実性の上に立っていることを知っているのです。四つの説得力のある場面を隣り合わせに押し詰めて、マルコはわたしたちの中に、この物語が今までに語られてきた物語の中で最高の物語になるという強烈な予感を巧みに作り出します。

マルコはまた牧会者でもあり、わたしたちが彼の語るイエス・キリストの物語を読む時、神の善性を信頼できないというわたしたち自身の弱さについての、ほろ苦い物語をわたしたちが必ず読まされることになると理解しているのです。マルコは、この物語がわたしたちを連れて行く場所に、すでに立っています。彼は、日ごとにイエス・キリストに従うことの代価の大きさと、その代価を払えないことからくる痛みを知っています。彼は、ゆっくりと時間をかけて弟子になっていくという安心感が幻想にすぎないこと、そして当然のこととして受ける恵みへの満足が長続きしないことを、知っています。こうしてわたしたちは、著者「マルコ」とは、おそらく、神の信実という痛みを伴う奇跡を繰り返し経験してきた、キリスト者の共同体自体

主の道を整え、その道筋をまっすぐにせよ。

であることを理解するのです。彼らは、自分たちは裏切り続けているにもかかわらず、主が自分たちを裏切ることはないことを、経験という炎の中を通ることによって理解するようになったのです。

それゆえ、その物語の旅の最初に、マルコは、イエス・キリストについての証言の概要をわたしたちに手渡します。マルコは、彼の物語の中にあらわれる悪魔的な力を、わたしたちが自分自身の生活という文脈に当てはめて考えるようになるにつれて、わたしたちが恐怖を覚えるようになることを知っています。彼は、わたしたちが狡猾な宗教の専門家たちに出会う時、疑問を抱き始めることを知っています。そして彼は、とりわけ、イエスがわたしたちを召される場所に、わたしたちが最終的には到達できないことを知っているのです。

マルコはこれらのことを知っています。それでもなお、もしこの福音書の序言がわたしたちの想像力に結びつくなら、わたしたちが、かつてこの世界におられた方の臨在の中で、この危険な道を歩いていくことができるかもしれないという万一の希望を、マルコは持ち続けているのです。

表題 (1:1)

わたしたちにとってイエスの誕生物語があまりにも当たり前のものになってしまっているので、わたしたちは、マルコ福音書の書き出しの一節がもつ衝撃を、見過ごしてしまいかねません。わたしたちは、マギ〔新共同訳「占星術の学者たち」〕や羊飼い、処女懐胎、空き部屋のない宿屋などが強い先入観となっているので、マルコがこの特異な物語の舞台の上にきわめて慎重に設置した看板を見逃しがちなのです。マルコは、舞台の幕を上げるに際して、これから始まるドラマの宇宙論的な見通しを意識的に示しているのです。

このように福音書を始めている福音書記者は他にいません。おそらくこのような始め方をしている福音書記者が他にいないのは、マルコが最初にそれを行った福音書記者だからでしょう。1節の「表題」は「神の子イエス・キリストに関する喜ばしき音信（おとずれ）という真正の物語」と翻訳することができるでしょう。まるで「神のひとり子イエス・キリストに関するこの知らせが、本来的な権威をもった喜びの知らせである」と言っているかのようです。

このスタートの時点で、「福音」という言葉が厳密には新約聖書の言葉ではないことを理解することが大切です。つまりこの新約聖書のみが神の良い知らせを主張する権利を持っているかのように考えてはなりません。第2節でマルコは、預言者イザヤの名前を挙げています。初期の教会はイザヤ書を、ヘブライ語聖書でよりもむしろ、七十人訳聖書として知られたユダヤ人のギリシア語訳聖書で読んでいました。マルコは、彼の読者がまさに最初の第一文でギリシア語の「福音」（エウアンゲリオン）という言葉を聞く時、バビロンに捕囚となった民イスラエルの生存、解放、帰還を告げるイザヤの告知とともに、読者の心が高鳴ることを知っているのです。

> 高い山に上れ、シオンに福音を伝える者よ。
> 力をこめて声を高く上げよ、エルサレムに福音を伝える者よ。

声を上げよ、恐れるな。
ユダの町々に向かって言え、「見よ、あなたたちの神を」
　と。　　　　　　　　　　（イザヤ書 40:9、七十人訳聖書）

書き出しの文――つまり入口にかかげた看板――における、マルコの「福音」という言葉の選択は、神の御子イエス・キリストがわたしたちの生存と解放と帰還の保証であるという栄光に満ちた知らせを、教会の魂の中に響き渡らせることを意図しているのです。

高い山に上れ、教会よ。
力をこめて声を高く上げよ、教会よ。
声を上げよ、恐れるな。
世界に向かって言え、「見よ、イエス・キリストを」と。

ヨハネの説教（1:2−8）

マルコの物語は、厳密には、2節から始まります。すべての作家たちと同じように、マルコは彼の物語の始まりについて深い思索をめぐらさなければなりませんでした。きっと彼は、「わたしは何を強調すべきだろうか。わたしの読者が見落としてはならないことは何だろうか」と自問したに違いありません。このような同じ文学上の戦略的関心にマルコも直面したのでした。

それゆえ、マルコが、物語を始めるのに、イエス・キリストの喜びの知らせをイザヤの預言者的伝承に錨でつなぎとめているのを認識することは、きわめて重要なのです。マタイは特別な系図の中にイエスを位置づけることによって物語を始めます。ルカは具体的な歴史的支配関係の中にイエスを位置づけることによって物語を始めます。他方マルコは、特定のヘブライ人預言者、すなわちイザヤの言葉の中にイエスを位置づけることによって物語を始めます。この福音書は、他の福音書に比べて旧約聖書への言及が最も少ないにもかかわらず、イスラエルの預言者たちの中で最も愛された預言者の言葉を引用して物語を開始しています。

まず想像していただきたいのは、今やイスラエルにおける歴史的な預言者たちの活動が終了して数世紀がたっているということです。ユダヤ人にとって、〔神と人との間の〕仲保者、神の使信を伝える使者、主の代弁者がいなくなる時にはいつも、人間の生は荒野へと変化します。聖なる方とのつながりを保つすべての鎖を失い、自分自身の知恵で生きるように放置されることは、イスラエルにとって耐え難い荒野の状態に生きるということなのです。わたしたちは、旧約と新約の間にあるこの荒野において、イスラエルが至高の方からのほんのかすかな声さえをも聞こうとして、限界にまでその首を長く伸ばしていたと想定してもよいでしょう。

「今なおこのテキストは、聞く者すべてその人自身の荒野の空虚さの中で出会うことができる。また、荒々しく叫ぶ預言者の声は、今なお、聞く者に転回を呼びかけ、復活の主によって与えられるさらに大いなる洗礼を受けるように呼びかけ、こうしてイエスの到来を力にあふれた、自分自身へのアドベントとして経験するように呼びかけることができるのである」――ウィリアムソン、現代聖書注解『マルコによる福音書』65 頁

マルコがこの物語のまさしくその始まりにおいて物語の聞き手に経験してもらいたいと望んでいることは、ユダヤ人たちが、荒野で叫んでいる声を、つまり彼らの存在を承認し、彼らの価値を保証し、彼らの救いを約束する声を、ひたすら喜んでいるということです。マルコは、希望が放棄された後に、認知されることの高揚感を、わたしたちの中に喚起したいのです。それゆえ彼は、マラキ書に記されたメシア預言のテキストをイザヤ

書に記された捕囚民の帰還に関するテキストに結合して、「主はあなたをご覧になっていた。あなたを荒野でご覧になっていたのです。ついに、放浪は終わったのだ。立ち上がって、主の道を備えなさい」（1:2–3）と宣言するのです。

これらの預言者のテキストを使って、マルコはわたしたちをヨハネ――無愛想なイザヤに似た人物――に導きます。この人物は、わたしたちと同じように、荒野で待っています。ヨハネは、洗礼に、つまり異邦人改宗者のためのユダヤ教の洗浄儀礼に、夢中になっているように見えます。わたしたちは、ヨハネがユダヤとエルサレムの全住民（！）を水に沈めているのを見いだすだけでなく、ヨハネが彼らに向かって洗礼を受けることの緊急性について語るのを聞くのです。ヨハネがそれをどのように理解しているとしても、彼は洗礼を、イエス・キリストがこの世界に来られるための主要な土台であると考えています。ヨハネは、イエスに比べると自分が人格と実践においてまったく劣位にあると、わたしたちに語るでしょう。ヨハネは謙虚さのモデルです。

この時点で、教会はしばしば、重大で手痛い誤りを犯します。時としてわたしたちは、洗礼者ヨハネが洗礼者イエスと目的において食い違ってはいないということを理解していません。マルコが提示するようなテキストは、もしヨハネとイエスの活動が矛盾対立するものであるならば、意味をなさないでしょう。しかしながら、現実には、ヨハネの活動がイエスの活動に対立するもののように説明されることがあります。まるでヨハネとイエスが完全に異なった神学を持っているかのようです。このような思考の経路は、必ず、反ユダヤ主義につながります。ヨハネは旧い契約の証人であり、条件つきで愛する神を証しする者と見なし、イエスは新しい契約の証人であり、条件なしで愛する神を証しする者と性格づけるのを耳にすれば、マルコはぞっとするでしょう。

教会は、イエスの前に見せるヨハネの模範的な謙虚さを誤解して、イエスとの神学の相違を示すものと考えてはなりません。ヨハネとイエスは共に、敬虔なユダヤ人です。彼らは同じ聖書をもっています。彼らはアブラハムとサラの神を礼拝します。そして彼らはどちらも、罪の赦しにいたる悔い改めの洗礼を宣べ伝えるのです。このようにしてマルコは、神学における最も密集度の高い地雷原の一つにわたしたちを導きます。

ラーマー・ウィリアムソン・ジュニア（現代聖書注解『マルコによる福音書』62－64頁）は、このフレーズの翻訳には困難が満ちている、と正しく警告しています。ウィリアムソンは、この問題を簡潔に次のように述べています。つまりそれは、ヨハネが、洗礼が神の赦しを得る手段であると言おうとしているのか、それとも、洗礼が神の赦しのしるしであると言おうとしているのかという問題です。もし前者なら、実際に洗礼は赦しを現実のものとし、それは赦しを得るための必要条件となります。もし後者なら、洗礼はすでに何か現実のものとなっているものの表現であり、それは赦しを得たことの証明となります。NRSVで「～のための（for）」（つまり「罪の赦しのための悔い改めの洗礼」）と訳されているギリシア語の前置詞（エイス）は、同時に、「～の中にいたる（into）」（つまり「罪の赦しにいたる悔い改めの洗礼」）と訳しても正しいのであり、結果として、両者は大いに異なる神学を生み出すことになるのです。

> 「ヨハネのバプテスマについての驚くべきことは、彼はユダヤ人であるのに、異邦人のみが従うべきはずのものをユダヤ人たちにも求めていたことであった」――ウィリアム・バークレー『マルコ福音書』19頁

マルコの序言の文脈で読むと、ヨハネにできることは、ただ罪人に自らの不従順から立ち返って、神の先在的赦しの現実の中に自らを浸す（すなわち洗礼を受ける）ように呼びかけるこ

とだけです。ヨハネの説教の調子は（しばしば怒りという間違った特徴づけをされていますが）むしろ喜びの響きをもっていた可能性が高いのです。「神の喜ばしき知らせを聞きなさい。あなたたちの罪は赦された。わたしの後からこられる方は、このことを十分に明らかにしてくれるでしょう。あなたたちの罪は赦されました。立ち返って、赦された者として生きなさい。あなたたちの罪を神の憐れみの中に沈めなさい。あなたたち自身を変えなさい」。

ウィリアムソン（現代聖書注解『マルコによる福音書』63頁）は、この区別の重要性を強調するためにジャン・カルヴァンの文章を引用しています。改革者のうち、カルヴァンは他の誰にもまして精力的に、悔い改めと洗礼と赦しの間の関係について格闘しました。これは、カルヴァンが究極的にそれを正しく理解したと言おうとしているのではなく、カルヴァンが〔言葉で〕言えない何かを知っていたと言おうとしているのです。

> 悔い改めがまず第一にあるのではない。ある者たちは、無知のゆえに、悔い改めがまるで罪の赦しの根拠であるかのごとくに、あるいは、悔い改めが神をして我らに対するあわれみの情を深くならしめるかのごとくに、想像している。そうではなく［我々は］悔い改めを命じられているのである。〔命令が第一であって、その命令に従うが故に〕［我々は］［我々に］提供されている和解を受けることができるのである。（カルヴァン、p. 179）

それゆえマルコにとって、洗礼者ヨハネはイスラエルと教会の間をつなぐ不可欠の連結環（リンク）であり、またユダヤ教徒とキリスト教徒の間を、そしてユダヤ教とキリスト教の間をつなぐ不可欠の連結環（リンク）なのです。そしてわたしたちにとって、洗礼者ヨハネは旧約と新約の間をつなぐ不可欠の連結環(リンク)でもあるのです。実際、彼はその人格においてイエスから区別されなければならないし、まさにその時が来れば舞台を退かなければなりません。しかしわたしたちは、ヨハネがイエスの本質的な宣教に対立するものであると解釈することは決して許されません。

間違わないでください。この物語は、アブラハムとサラが神と崇めたその神の子であるイエス・キリストについての良い知らせなのです。ヨハネは、わたしたちの荒野の中の声です。歓喜をもって、イスラエルを赦す主が到来したことを、そして、これを事実として生きることが決定的に重要であることを、叫んでいるのです。

イエスの洗礼（1:9－11）

これ以上大騒ぎをせずに、イエスに登場していただきましょう。時間の浪費は不要ですね。わたしたちはイエスが主人公であることを知っています。洗礼者ヨハネは、イスラエルが歩んできた信仰の赤絨毯(じゅうたん)を敷き終えました。先に進みましょう。

マルコがわたしたちに語っているのは、このイエスがガリラヤ地方のナザレという町の出身であるということだけです。マルコの紹介は、盗み聞きした秘密を伝えているかのようです。イエスは、まるで本能に導かれるかのように、ヨハネに従います。神の子はヨルダン川で洗礼を受けます。

ここでわたしたちは立ち止まって、イエスの洗礼の必然性と洗礼に関する神学的一貫性についてマルコがどうとらえているかを考察してみましょう。もし罪の赦しにいたる（into）洗礼（ヨハネの宣教）によって、洗礼が神の赦しを受けるための条件であるということが意味されているのなら、神の子イエス・キリストは一体なぜこのような条件を満たそうと努力するのでしょうか。〔彼は罪人なのでしょうか。〕他方もし罪の赦しにいたる洗礼が、赦しのしるしである――つまりすでに現実に存在するものを証明し、表現し、それと協調し、保証する――ということを意味するならば、洗礼は「多くの人の身代金として自分の命を献げる」（マルコ 10:45）ために来た神の子にとって、完全に必然的なものではないでしょうか。洗礼は、神の輝かしい救済の意志に自分自身を重ね合わせる行為だからです。

レオナルド・ダ・ヴィンチ「キリストの洗礼」（ヴェロッキオとの合作）

イエスの洗礼に続く描写は、生き生きとした絵画的な描写です。神の子は〔水の中から〕上がって来ます。聖霊は〔天から〕降って来ます。父が優しく語りかけます。イエスはそれらすべてを見、聞き、そして感じとります。わたしたちは、この特別な洗礼に父と子と聖霊が関係しているという観察から、過度に考えをめぐらすべきではありませんが、同時にそれを無視するべきでもありません。水という要素を別にすれば、キリスト教史に一貫する洗礼の唯一の普遍的な要素は、それが「父と子と聖霊の名によって」行われるということです。マルコは、この特別な洗礼にすべての洗礼の本質的な意味が存在する、ということを主張しているのでしょうか。

ここでもわたしたちの傾向としては、イエスの洗礼をわたしたちの洗礼と神学的に異質なものと考えがちです。けっしてそうではありません。マルコは、弟子として生きようとして苦闘しているわたしたちのような人間のために、この福音書を書いています。マルコは、わたしたちが弟子であるために何にもまして必要なものが、弟子の要件を事細かに求める脅しの言葉なのではなく、契約に基づく帰属関係についての確信であることを知っています。イエス・キリストの洗礼の描写におけるマルコの目的は、イエス・キリストがどのような存在であるかを伝えることです。イエスは自分自身が何者であるか知る必要がありますが、イエスの弟子たちも同じです。メシアが神の慈愛の契約のうちにその身を沈められる〔洗礼を受ける〕ように、彼に従う教会も同じくそこに沈められます。イエスが、自分が神の子であり、神に愛されており、神の心の喜びであることを知るように、わたしたちもわたしたち自身についてそうであることを知ります。イエスが何者であるかを告げる雷鳴のように下ってくる神のささやきの中に、わたしたちはわたしたち自身についての真実を聞くのです。「あなたはわたしの愛する子、わたしの心に適う者」(11節)。

「これは秘密の顕現なのである。イエスは、客観化しにくい、公に証明できない経験によって、自分が何者であるかを知る。他の者たちは、イエスの語ることに耳を傾け、彼が行なうことをよく見ることによって、この真理を見出さなければならない」――ウィリアムソン、現代聖書注解『マルコによる福音書』68頁

まさにこれが、教会が、洗礼においてわたしたちに与えてくれるものなのです。つまりわたしたち自身についての真理、わたしたちのアイデンティティの基礎、わたしたちが弟子であることの唯一の土台、絶望のただ中にあってわたしたちが信頼できるただ一つの希望です。「あなたは――ひとりの人としてあなたは――神の子ども、神に愛され喜ばれている神の子どもです。これはあなたについての定義であり、横行するすべての虚偽の中にあるあなたについての真理、あなたにとって究極的に重要となる鮮やかな証拠なのです」(11節)。

イエスの試練（テスト）(1:12－13)

ぎこちない移行句によって、マルコはイエスの洗礼についでイエスの荒野の経験を並置しています。イエスは洗礼とともに、彼が何者であるかについての栄光に満ちた神の宣言を受け取ると、たちまち、荒野に投げこまれて試練にさらされます。彼の上に降ったばかりの聖霊が、彼をサタンとの闘技場の中に投げこんでいるのです。

ここにおかれた証言は、当惑するほど飾り気がなくむき出しです。この試練について「誰に責任があるのか」という問いはありません。「なぜ」という問いもありません。同じく、断食や飢えや〔マタイやルカの記事に見られる〕三つの誘惑から発生する議論もありません。そしてサタンを退けたという勝利の意識もありません。この有名な誘惑の場面は、マルコのドラマにおいては最も短い物語になっています。それは簡単に言えば、野獣と天使を観客（ギャラリー）とした、イエス対サタンの闘いです。マルコは、イエスがこの試練を通過したのかどうかを、はっきりと語っていません。ただ、イエスの力が天来のも

もっと知るには？

洗礼者ヨハネについて――
P. J. アクティマイヤー編『ハーパー聖書辞典』(Paul J. Achtemeier, ed., *Harper's Bible Dictionary* [San Francisco: Harper & Row, 1985], 501－2)、「ヨハネ（洗礼者）」（大貫隆）『岩波キリスト教辞典』(1162–63頁) を見よ。

七十人訳聖書について――
C. B. マーシャル『旧約聖書案内』(Celia Brewer Marshall, *A Guide Through the Old Testament* [Louisville, Ky.: Westminster John Knox Press, 1989], 20)、J. A. ソーギン『旧約聖書入門』(J. Alberto Soggin, *Introduction to the Old Testament*, 3d ed., Old Testament Library [Louisville, Ky.: Westminster John Knox Press, 1989], 23－26)、「七十人訳聖書」（山我哲雄）『岩波キリスト教辞典』(475頁)、「ギリシア語旧約聖書」（守屋彰夫）『聖書学用語辞典』(87–88頁) を見よ。

メシア待望について――
C. B. マーシャル『新約聖書案内』(Celia Brewer Marshall, *A Guide Through the New Testament* [Louisville, Ky.: Westminster John Knox Press, 1994], 33)、「メシア」(A. S. van der Woude)『旧約新約 聖書大事典』(1167–70頁) を見よ。

のでなかったなら、彼は彼自身の力でその試練を切り抜けることができなかったはずだ、という微妙な示唆だけは存在しています。神への徹底した依存が、洗礼を受けた者の行動様式だからです。

この最愛の御子のうちに、わたしたちは自分自身の洗礼に伴う苦闘を知るのです。ウィリアムソン（現代聖書注解『マルコによる福音書』74頁）は、現象として「啓示を受けた時の興奮の直後にサタンの猛攻撃が最も激しい」という認識を示しています。マルコは、わたしたちが洗礼において名を呼ばれた瞬間――つまり神に愛され神に属する者と宣言された瞬間――わたしたちはまた、自分が荒野にいて自分が何者であるかを認識するための闘いの中にいることになるという事実を、ほぼ疑念のないほど明白にわたしたちに示しているのです。マルコはそこ〔闘いの荒野〕にいたことがあるのです。彼は、洗礼を受けた者にとってこの現実がどれほど居心地の悪いものとなりうるのかを、知っています。マルコは、地上の野獣に引き裂かれるような攻撃と、同時に、天上の天使たちの助けの両方を、体感したことがあるのです。マルコは、弟子たちの道が彼らの教師の道と異なっていないことを知っています。

神の福音（1:14－15）

イエスが試練（テスト）に合格したことは明らかです。なぜなら次の数節において、わたしたちは彼が最初の説教を宣べ伝えている姿を見るからです。そしてその説教は素晴らしいもの（であり、すべての説教者にとってのお手本）です。それは、三つのまとまりから構成される一つの文になっています。

まずマルコは、洗礼者ヨハネを物語の舞台から除きます。ヨハネの影響は、これからも意識され続けるでしょう。しかしマルコは、正面中央にあったヨハネの位置がもはや永久に変化したことを明らかにします。マルコは、まるで、わたしたちがこれを予想していなければならないかのように書いています。実に、ヨハネの逮捕がずっと以前からわかっていたかのようです。

このマルコの筆の運びを見落とさないでください。一つの移行句〔「〜後」〕によって、マルコは時代の変化を示しています。すべての準備は整いました。道はまっすぐにされました。「エリヤ」〔つまり「洗礼者ヨハネ」9:13〕は自分の召命に仕えました。今や、彼は舞台の上手に去り、イエスが舞台の下手から登場して来ます。彼は、洗礼を授けられ、試みを受け、〔聖職者の着る〕祭服を身にまとって、今、説教を語っているのです。マルコは、わたしたちを世界史の中心に連れ出したのです。

再びわたしたちは、この重大な瞬間に、イエスが神から託された知らせが徹底的に良いものであることを知ります。もし注意を怠ると、わたしたちは、イエスがその人格において担っているものが、福音——つまり喜びの知らせ——であることを意識化させるこの重要な語りかけを聞

もっと知るには？

イエスの洗礼について——
イエスが洗礼を受けた理由についての歴史的理解に関する、専門的ではあるが、綿密な議論については、G. R. ビーズリー＝マーレー『新約聖書における洗礼』（George R. Beasley-Murray, *Baptism in the New Testament* [Grand Rapids: Wm. B. Eerdmans Publishing Co., 1973], 45–67）、「洗礼」Ⅲ（F. Amiot）『聖書思想事典』（523–24 頁）を見よ。

さまざまな洗礼理解について——
アラン・リチャードソン、ジョン・ボウデン編『ウェストミンスターキリスト教神学辞典』（Alan Richardson and John Bowden, eds., *The Westminster Dictionary of Christian Theology* [Philadelphia: Westminster Press, 1983], 299-302）、J. G. デイヴィス編『ウェストミンスター礼拝辞典』（J. G. Davies, ed., *The Westminster Dictionary of Liturgy and Worship* [Philadelphia: Westminster Press, 1986], 55-77）、T. A. キャンベル『キリスト教信仰告白——歴史的概論』（Ted A. Campbell, *Christian Confession: A Historical Introduction* [Louisville. Ky.: Westminster John Knox Press, 1996]）、「バプテスマ」（H.Wenschkewitz）『旧約新約 聖書大事典』（941–42 頁）を見よ。

かないままに、神の国につづく道で語られる声〔に注意を払うことなくその中〕を滑り抜けていってしまうでしょう。それは1章1節、つまり福音書のドラマ全体を示す看板の中心に書かれていたのと同じ言葉です。そこに、つまりドラマの正面に、昔から教会は、これがイエスの喜びの知らせのドラマであるという看板を出してきたのです。ここに至って、つまりドラマの入口から内部に至って、イエスは今わたしたちに、それが神の喜びの知らせであると語ります。要するに、教会は宣教者イエスを宣教するのです。それゆえわたしたちが告げるイエスについての良い知らせとは、イエスが告げた神についての良い知らせなのです。

イエスが語っていることは、必ずしも、説教の明快さを示す手本ではありません。イエスが具体的に定義しにくい素材と格闘しているのは明らかです。歴史上のこの瞬間を言いあらわすために、イエスは、線的な、つまり時計がとらえているような順を追って経過していく時を示す一般的なギリシア語（クロノス）を選びませんでした。イエスが選んだ特別なギリシア語は、特別な時つまり時計職人のような神的存在が定めてはいるけれど、予想できない時を意味する言葉です。おそらくその最良の翻訳は「時中の時」（カイロス）となるでしょう。事態をより難解にしてしまうかもしれませんが、イエスはギリシア語の驚くほど意味合いの豊かな時制、つまり完了時制で語ることを選択しています。この完了時制は、過去の行為の結果が依然として現在に継続していることを示すために使われます。そこでイエスの説教の前半は、次のように言い換えることができるでしょう。

> 時中の時（time-within-time）がすでに熟し始め、今熟している。神はすでにこの世界を支配し始め、そして今、支配

していおられる……

このように語ることによって、イエスは、言葉に迫力(パンチ)を利(き)かせています。実際、もしウィリアムソン（現代聖書注解『マルコによる福音書』76頁）が正しく、そしてイエスのこれらの最初の言葉が「広い意味で言うならば、……物語全体の主題」を示しているのならば、驚きに圧倒されて息を呑むことが唯一のふさわしい反応となるのです。結局のところ、天を垣間見るということは誰もが夢見ることではないでしょうか。すべての人々のために食物があるという安心、病気や伝染病がわたしたちの間に蔓延することがないという安心、傲慢とうぬぼれと貪欲がわたしたちの人間関係にはびこることがないという安心を得るために、大きな代価を払って天上の有様をのぞき見ようとしない者が誰かいるでしょうか。ともかくなんらかの繊細な感受性を持ちながら、生ける神の人格と品性をわずかでも知ることを切望しない者が誰かいるでしょうか。

時が来た。
「福音が誠実に宣べ伝えられるときはいつでも……神の国は聞く者たちに近づく」――ウィリアムソン、現代聖書注解『マルコによる福音書』79頁

驚いたことにイエスは、人類のすべてが待っていたその時が来たと宣言します。誰もがいだく夢想は、もはや夢想である必要がなくなりました。天が地上に口づけをしています。神の支配は、今ここに、実際に見られ、聞かれ、触れられ、知ることができるのです。

マルコの記事のイエスは、時が熟すことと神の支配の到来について自分が直接的な責任を負っていることを、決して主張しようとしないけれども、彼が、神の支配の到来と彼の人格の神秘的(ミステリアス)な重なり合いを自覚していたのは確かです。イエスは確信をもって、今やすべての時の意味を明らかにする時（カイロ

ス）が世界の舞台に導き入れられたと宣言します。自慢することも尊大になることもなく、イエスはそれが今だと確信します。

教会がこの時点からマルコの物語をたどって進んで行くと同時に、マルコは、わたしたちがこのナザレのイエスの生涯と愛と渇望の中に全能の神の支配を認識することを、望んでいるのです。マルコは、わたしたちがイエスの宣教活動の全体——彼の力強い業、人々の尊厳を回復させる癒し、彼の賢明な教え、彼の笑いと怒り、彼の喜びの涙と嘆きの涙——を、わたしたちの間で人格をもって支配しておられる神を示す正確な描写として受けとめることを望んでいるのです。マルコは、わたしたちの好奇心と渇望——そして神についてわたしたちが抱くすべての疑問——を、このイエス・キリストの物語に向けさせるつもりなのでしょう。そしてマルコは、この好奇心や渇望が満たされ疑問に回答が与えられるまで、それらを物語に突きつけるのをやめさせまいと考えているのでしょう。

マルコにとって栄光に満ちた喜びの知らせとは、イエスの神秘的(ミステリアス)な人格において、長く待ち望まれた神の支配が地上に始まり、マルコの時代に継続しており、そして今もなお、わたしたちの時代に継続しているということです。イエスが墓場に住む男にとりついた悪霊と闘って追放する姿を見れば、墓場に住む男にまでもとりつく悪霊が神の願いに対立する存在だということがわかります。イエスが自然の力を征服して漁師の恐れを鎮めるのを見れば、人が自分の生存のためにいだく恐れが神の意志に矛盾することがわかります。イエスが麻痺した体を再び動くようにし、萎えた肢体を回復させるのを見れば、創造者なる神はその創造の目的に従って被造物が働くということを確実に意図しておられることがわかります。イエスが離婚や高慢や色欲について警告を発する姿を見れば、これらのものがどのようにして生活という繊細な織物を引き裂くのかについての神の警告が理解できます。イエスが少女を死の眠りから目覚めさせるのを見れば、神が人間の生命と可能性が最大限に生かされることを意図しておられることがわかるのです。

マルコは、イエスの人格において神の支配を経験し、この経験をわたしたちに手渡すために書いているのです。ウィリアムソンの言葉によれば（現代聖書注解『マルコによる福音書』78頁）、「イエスの言葉と業とにおいて神の力に出会った人々は、神の国を現在のこととして、しかしまだ隠されているものとして経験する。その完全な出現はなお将来にあるが、その将来は近づいている」。確かにわたしたちは鏡を通してぼんやりとしか見ていないものの、それにもかかわらずわたしたちが現実に見るということを、マルコはすでに知っていたのです。

イエスの宣教の中心（ハート）で鼓動しているのは、驚嘆すべき神の善性です。この序言を通して、強調点は、イスラエルの歴史と洗礼者ヨハネの生涯における神の目的の連続性と一貫性に置かれています。イスラエルとヨハネが共有した使命（ミッション）とは、人類を神の慈愛のもつ変革的リアリティの中に導き入れることです。それはイエス・キリストの宣教の使命（ミッション）とまったく同じです。イスラエルとヨハネとイエスの間の相違は、彼らの使命（ミッション）にではなく、彼らの**人格**にあるのです。イスラエルとヨハネとイエスはすべて、声をそろえて、神の良き知らせを証言しています。しかし神の良き知らせが具体的**存在となっている**のは、イエス・キリストの**人格**においてのみなのです。

この基礎に立って、イエスは、教会が悔い改め、その生活様式を変革するように命じています。それゆえ彼は、第二の、そしてしばしば見過ごしにされる「神の善性を信頼しなさい」という命令を提示するのです。慈愛の神は、この地上において、わたしたちの人生に伴って今、支配されます。それゆえ決断の時は、この瞬間から、つねに今なのです。わたしたちの自己を

「わたしたちが自分の洗礼を肯定するときはいつでも、わたしたちは神の支配権を認め、わたしたちの日毎の生き方によって神の国を待ち望むようにという命令を受け入れるのです」——D. R. A. ヘア『マルコによる福音書』（Douglas R. A. Hare, *Mark*, Westminster Bible Companion, 19）参照。

全体として神の支配に連携させること以外の何かをなすことは、今わたしたちの間におられる神にとって何の意味もなしません。強力な磁場によって引き寄せられる方位磁石の針のように、わたしたちの道徳生活は、慈愛の神に向かってぐるりと向きを変えてゆくべきものです。わたしたちは思い上がった態度を改め、自分の倫理上の出発点を再点検し、わたしたちの行動基準の優先順位を再構築すべきなのです。

しかしながらイエスは、もしわたしたちがこのことすべての背後に、またその下に、そしてその上に、善にして慈愛に富む神を見ないのなら、変革に向かうわたしたちの動機が脆弱なものとなることを知っています。それゆえ、ウィリアムソン（現代聖書注解『マルコによる福音書』78頁）が「アピールの頂点」と見なす表現の中で、イエスは、わたしたちに福音を信じ、自分をあけ渡し、神の良きおとずれに身を委ねるように命じるのです。そしてイエスは、身を委ねたわたしたちが〔神の良きおとずれに〕とらえられることを確信しています。「それ［神の良き知らせ］が見えるようになるためには、それを信じなくてはならない」（現代聖書注解『マルコによる福音書』79頁）。もしわたしたちが完全に知ろうとするのなら、わたしたちは自分自身を完全にあけ渡さなくてはなりません。

悔い改めて、そして信じなさい。変革し、信頼しなさい。今、それをしなさい。後にではありません。しかし、神があなたのために持っておられる知らせが良いものであるがゆえに、それを行いなさい。

? さらに深く考えるための問い

1. マルコ福音書は、「良い知らせの始まり」〔新共同訳「福音の初め」〕という言葉で始まります。「良い知らせ」とは、何を意味しているのでしょうか。なぜそれは良い知らせなのでしょうか。それは今日でも良い知らせですか。なぜですか、あるいは、なぜそうではないのですか。
2. マルコは、荒野で叫ぶ声についてのイザヤ書引用から始めて、荒野で洗礼を授けるヨハネへと向かい、それに続いてヨハネの洗礼を受けるイエスへと場面を移動しています。それはまるで、バトンが預言者たちから始まってイエスに向かって引き渡されていくかのようです。あなたに彼らのバトンを引き継いだ人は誰ですか。あなたは誰の伝承ラインの中に立っていますか。
3. 聖書テキストの地理的な移動には意味があります。ヨハネは荒野からヨルダン川にやって来ます。イエスはガリラヤからヨルダン川にやって来ます。そして次にイエスは、〔聖霊によって〕荒野の中に送り出されます（ただしそのあとガリラヤに帰還しますが）。マルコは、これらの場所のもつ神学的意味を示唆している可能性があります。実際、マルコ福音書の中でイエスについてなされる最後の言及は、彼は「あなたがたより先にガリラヤへ行かれる」（マルコ16:7）という言葉です。良い聖書辞典を使って、「荒野」あるいは「砂漠」、「川」あるいは「ヨルダン川」や「ガリラヤ」のような言葉を調べてみなさい。あなたの調査結果は、これらの場所へのイエスの旅についてあなたに何を教えてくれますか。あなたの生涯において、荒野、ヨルダン川、ガリラヤとはどこですか。
4. マルコ1:15は、「時が満ちた」（The time is fulfilled）と宣

言しています（NRSV）。それはまるで「〔待ち望んだ〕その時がここにある」（*The time is here*）と言っているかのようです。あなたが考える最も重要な時とはいつですか。（結婚式、誕生、最初の仕事など。）あなたはその時のために、どんな準備をするでしょうか。もしあなたが特別な時がすでに始まっていることに気づいたら、それはどんな違いを生み出すでしょうか。

2

マルコによる福音書 3章13－35節

秘密(ミステリー)が世を分ける

第1章におけるイエスの最初の説教（1:14−15）以来、さまざまな出来事が起こりました。イエスの宣教活動の始まりは、無謀な奔放さと呼べるようなものが伴っていました。他の福音書のどの箇所にも、わたしたちがマルコ福音書1章から3章の間に発見するような、マルコの手の中で慌ただしい動きに従事しているイエスを発見することはありません。

イエスが地上における神の国に関する説教〔1:14−15〕を終えると、マルコはすぐさま、イエスの人格において実現する神の支配の物語のギヤを入れ替え、高速運転に入ります。わたしたちは、気づくと、イエス・キリストの宣教活動の電撃攻撃にさらされています。わずか63節の間に、イエスは次のようなことをやってのけます。

・漁師を、人間を捕る漁師といういっそう輝かしい仕事(ボケーション)へと呼び出し、
・悪霊を追い払い、
・シモンの義理の母から熱病のウイルスを追放し、
・町全体（そしてさらに広い範囲）に癒しをもたらし、そこから悪霊を追放し、
・重い皮膚病患者の皮膚のただれを清め、

・中風の男の罪を赦して、体の麻痺を治し、
・徴税所からマタイ〔マルコ本文では「アルファイの子レビ」〕を召し出し、そして食事によって罪人たちの同業組合（ギルド）との交わりを深め、
・指導者としての彼の行動様式に対する専門家の批判に対抗し、
・彼の個人的な信仰に対する聖職者たちの否定的評価に応じ、
・先天的な障がいを癒し、
・彼のもとに群れをなして恐いもの見たさで押し寄せてくる、パレスチナの大勢の野次馬から逃れます。

マルコは、教会の想像力を驚嘆させるような、さまざまなイメージを素材として貼り合わせながら、場面から場面へとわたしたちを容赦なく前進させます。この結果として、イエスの力、権威、人格に対する驚きが次第に大きくなっていくのです。ナザレ出身のこの人の支配に対抗できるような力が、パレスチナは言うまでもなく、被造世界に存在するかどうかという問題に、教会は目眩を覚えます。読者でさえも、第3章の中ほどに行き着く頃には、一息つきたいと思うくらいです。

マルコは、イエスを山に連れて行くことによって、このような休息の合図を示しています。聖書では一貫して、山が物語上の休みを提供します。そしてこのような休止は深遠な神体験に満たされていることがしばしばです。「その舞台としての山の設定は、啓示と権威のニュアンスを幾分伝えるであろう」とウィリアムソン（現代聖書注解『マルコによる福音書』138頁）は主張しています。マルコの語りのテンポの変化は顕著です。わたしたちは、イエス・キリストが重大な決定を下そうとする場面の敷居の上に立っています。

第3章の残りの部分で、マルコは、イエスの人格の際立っ

た特徴について熟考を喚起するような刺激を教会に与えるでしょう。芸術的に織り合わされた二つの場面（21節・31–35節と22–30節）において、マルコは、イエスに対するさまざまな応答をメドレーで提示するでしょう。それらの応答は即時の服従から絶対的な冒瀆にまで範囲が広がっています。マルコは、わたしたちがイエスの人格のもつむき出しの力を感じ、イエスに対して冷静に応答することが、何人にとってもどれほど不可能であったか（そして今でもそうだ）ということに気づくことを望んでいるのです。イエスは、彼に近づいてくる人々の内面について〔ごまかしが利かないほど〕鋭い識別力を持っているので、彼らはイエスを**支持する**かあるいは彼に**反対する**かのどちらかの態度をとることを迫られたのでした。つまりイエスに対して無関心でいることは決してできなかったのです。

この箇所において、マルコはわたしたちに、イエスが高い要求をする存在であることを描いて見せます。その要求の高さは、厳格さという意味ではなく、何を中心にするかという意味においてです。マルコがわたしたちに想像するように望んでいることは、わたしたちがたとえ一瞬でもこのナザレ出身のこの人に近づいたなら、自分自身のアイデンティティに挑戦を受けずにいることができないということです。それゆえマルコは、わたしたちが実は何者であり、いつわたしたちが自分自身について偽りを語るのかを、わたしたちに権威をもって告げることのできる唯一の存在として、イエスをここに配置しています。超越的な識別力で、イエスは彼の人格の現前（プレゼンス）と彼の言葉の知恵によって、わたしたちが何者であるかを確認し、さらに再確認するのです。マルコは、イエス・キリストがある神秘的（ミステリアス）だがしかし確実な方法でわたしたちの運命を決定される、ということをわたしたちに知らしめるでしょう。マルコは、イエスがわたしたちによって騙される方ではないことを、厳粛に警告するでしょう。けれどもこの警告の中には、また、イエスがわたしたちの未来の決定に、わたしたちを人格的に参与させるという、良き知らせについての約束も存在するのです。要するに、ここでマルコは、イエス・キリストが究極的にすべての人にとって問題となる、ということを伝えているのです。

十二人の命名 (3:13−19)

教会の歴史と日常の教会生活の中には、わたしたちが最初の使徒たちと共通の感覚を持つのを妨げるものが多くあります。しかしこの箇所においては、イエスが山上でなさっていることが、キリスト教会の土台を形造る行為だということに、疑問はまったくありません。わたしたちがキリストにある神の民——神に栄光を帰し、神を喜ぶためにまずすべきことは、イエス・キリストに従うことであると理解している民——だという基本的なアイデンティティは、イエスの十二人に対する召命の中に、マルコによって凝縮された形で表現されています。

英訳聖書の中には、マルコの芸術的な筆致を明らかにすることに失敗しているものがあります。ギリシア語の感触は次のようになっています。

> イエスは山にお登りになった。そして自分のもとに望む人々を呼び寄せられた。すると彼らは彼のもとへとやって来た。そしてイエスは十二人を形成し、彼らを使徒と命名した。それは彼らを自分と共におらせ、そして宣教と悪霊追放の業（わざ）に遣わすためである。このように彼は、十二人を形成した。

これはなんという躍動的な教会のイメージでしょうか。まったくの単独で行われたほとばしるような宣教活動の後、神の子イエス・キリストは一旦〔山に〕退いて、次のように証言します。神がこの地上を支配されるのであり、それはただふつうの人々とその支配を共有することによってのみなされる、ということを。いったん個人的に神の支配の先例を示すとすぐに、イエスは神の支配を弟子たちの中に具体化します。彼はこれによって、神の主権に関する秘密(ミステリー)の一つを明らかにします。つまりこの世界を創造された方が、世界を世界のうちから支えられるということを。世界は神の国にとってふさわしい場所です。人類は神にとってふさわしい具体的存在です。弟子たちは神の支配にとってふさわしい共同体です。

> 「彼らは富んでいなかったし、何も特別の社会的地位も持たず、特別の教育も受けていなかった。また彼らは訓練された神学者でもなく、身分の高い教会人、また聖職者たちでもなかった。彼らは 12 人の普通の人々であった」
> ──バークレー『マルコ福音書』92 頁

マルコの手にかかると、イエスの教会形成はわたしたちの人間性に対する深い肯定表現になります。教会がイエスの人間性によって、どのように生じ、形成され、そして維持されるかに注意を払ってください。マルコは、イエスによる十二人の召命を、イエスが彼自身の内面的な願望を満たす行程として慎重に描写しています。「イエスが山に登って、これと思う人々を呼び寄せられると、彼らはそばに集まって来た」(3:13)。これは宣教活動のためにチームを編成する以上のことです。これは人間をあがなうために、〔神であるイエスという〕人間が人間を必要としているということを意味します。この重要な瞬間に罪が不在であることから、罪とは人間存在にとって絶対的に異質(エイリアン)なものであると理解できます。

イエスは、わたしたちがいったん彼の召命に応答すると、何をされるでしょうか。マルコは、イエスがわたしたちを形成し使徒と命名される、と言いたいのです。イエスはわたしたちの本質を定義します。イエスは、わたしたちが最も深いところで何者であるかを、わたしたちに知らせます。新約聖書のNRSV訳に当然払うべき敬意を払いつつも、キリストのこの行為は、任命ではなく弟子たちの本質を明らかにする行為なのです。つまりそれは、ラベルを貼ることではなく、新しいアイデンティティを委譲することなのです。「する」あるいは「作る」を意味するコイネー・ギリシア語の動詞、また「名付ける」を意味するコイネー・ギリシア語の動詞を使って、マルコは、教会とはイエスによる作成中の作品である、と説明しています。わたしたちはイエス・キリストによって作られ、そして送り出される者なのです。わたしたちのアイデンティティは、わたしたちを作った方から生じます。

わたしたちの目的は何でしょうか。ごく単純に言えば、イエスと共にいること、そしてイエスによって使者として派遣されることです。ギリシア語名詞の「使徒」（アポストロス）には、動詞形「使者として遣わす」（アポストロー）があります。この箇所では、どちらも教会の本質を表現するために、マルコによって使われています。わたしたちは「遣わされた者」です。それはわたしたちが事実「遣わされている」からです。わたしたちが遣わされるのは、それがわたしたちの本質だからです。

> 「イエスは召した……彼らは来た……彼は彼らをつくった」――ウィリアムソン、現代聖書注解『マルコによる福音書』141頁

しかしながら、イエスが明瞭に語られているように、教会の自己理解は二つの焦点から生じることに注意を払ってください。つまり時機と活動、よりよく表現すれば、内省と奉仕、もっと適切には、礼拝と宣教から生じてくるのです。「遣わされた者」（使徒）は、真の自分を、イエスと共におりイエスの名によって遣わされる者としてのみ理解します。時機と活動、内省と奉

仕、礼拝と宣教がひとつになる時に初めて、教会は、真の自分を自覚し、その名にふさわしく行動することができるのです。

イエスが山に登って、これと思う人々を……

もし使徒が「遣わされる」のであるならば、「遣わす」目的は何でしょうか。典型的な唐突さと簡潔さをもって、マルコは、教会の宣教を二重のものとして定義しています。つまり、宣べ伝えることと〔悪霊を〕追い出すことです。イエスは教会の宣教内容を明確にしていませんが、マルコにおける「宣べ伝える」という言葉は明らかに、マルコによる福音書1章のヨハネとイエスにさかのぼります。そこでは両者とも、良き知らせを宣べ伝えています。ヨハネは「神の赦しにいたる洗礼」を宣べ伝え、イエスも同じく「地上における神の支配にいたる洗礼」を宣べ伝えました。このように使徒たちは全世界に福音を宣べ伝えるために派遣されます。神は、イエス・キリストの人格と存在において、メシア的平和と正義で世界を支配するために来られました。教会の説教の目印は、「世界よ喜べ。主は来られた。全地よ、王を迎えよ」〔クリスマスキャロル“Joy to the World”（もろびとこぞりて）の歌詞より〕となります。

しかしながら、ただ宣べ伝えるだけの教会は、行き着くところ自分自身を一種の聖歌隊に縮小してしまいます。しかしイエスが持ちたいと思っておられるのは、教会のために歌う聖歌隊ではありません。それゆえ、彼はわたしたちに語るのです。教会はその宣べ伝えることを**行動として**生きなければならない、と。使徒たちは単に地上における神の支配を宣べ伝えるために遣わされただけではなく、彼らは文字通り神の支配を**具体化**するために遣わされたのです。「イエス自身の務めと同じように、彼らの務めは、神の国を宣べ伝え、またある意味でそれを具体化するものとなる」（ウィリアムソン、現代聖書注解『マルコによる福音書』138頁)。マルコがこのことを語る時、その最も簡潔な方法は、教会が悪霊を追放するために遣わされた、と宣言することなのです。

「[最初の弟子たちの] イエスとの親しい交わりから、宣教と悪霊追放の力が生じた。そのように今日、われわれの祈りの生活から、聖書研究から、そしてキリスト者の交わりから、イエスの名において仕える力が生じるのである」──ウィリアムソン、現代聖書注解『マルコによる福音書』140頁

悪霊は、マルコの世界観においては、神の人格と目的に対する純粋な敵対者を意味します。悪霊は神の国においては異質（エイリアン）なものであり、彼らは穏やかに扱われるのではなく、完全に根絶されなければなりません。このような語り方で、マルコは、使徒たちの宣教とは、神の国において、あらゆる場所で、あらゆる時代に、そしてあらゆる形において、悪に抵抗することであると語るのです。この抵抗は教会のアイデンティティにとってきわめて本質的であるので、洗礼という歴史的な祭儀において不可欠な要素となり、「あなたは悪を棄てますか」という質問に表現されます。マルコから見ると、洗礼志願者へのその質問は「あなたは悪霊を追放しますか」と読めるでしょう。

このようにしてイエスは十二人を形成しました。またこのようにしてイエスは、わたしたちを形成されるのです。

イエスの真の親子関係（3:20－35)

イエスが教会の基礎になる人々を掘り出し、使徒と命名し、そのアイデンティティを再確認した後、マルコはわたしたちに、彼が「家の中に」（3:20、原文通りの翻訳）入った、と語ります。その家は、おそらく、ガリラヤ湖畔にある友人かあるいは親類

の家でしょう。彼を出迎えたのは、破壊的に押し寄せる群衆でした。簡素なユダヤ人の夕食の神聖さは彼らによって侵されてしまいました。わたしたちは、なぜこの群衆がイエスの近くに来ようとしたのかを、知らされていません。ただ、彼らがあまりにも無遠慮だと告げられているだけです。何かがおそろしく間違っています。これは晩餐の食卓でシャローム〔平和の挨拶〕を交わす図ではなく、なにかを切望して人間が集って来る図です。明らかに、山での退修(リトリート)の時は終わりました。

マルコがわたしたちを地上に戻そうとする時、彼が二つの場面をサンドウィッチにする技法、つまり一方の場面を二つに分けて、その間にもう一つの場面をはさみ込む挿入技法に注意してください。21節で、マルコはイエスの親族との出会いを書き始めます。そして22–30節にエルサレムの律法学者との論争を描き、31–35節になってようやく、親族との出会いを完了します。マルコは、親族との出会いの中に、律法学者との論争を入れ子に配置しています。そうすることによって、マルコは、イエスによって引き起こされる反応の多様さを吟味しているのです。マルコの目的は、教会がイエス・キリストと関係を結ぶということが何を意味するかを深く探求することです。

マルコのサンドウィッチ技法について聞いたことがありますか？

今扱っている箇所や福音書の他の箇所（すなわち 5:21–43, 6:7–30, 11:12–25）において、マルコは、一つの物語を枠にしてその中にもう一つの物語をはめ込んでいます。この文学的なテクニックは、相互の物語が他の物語の理解を豊かにすることを意図して用いられます。

わたしたちとイエスはどのような関係を結んでいるか（3:21）

キリスト教大衆文化は、「イエスならどうなさるだろうか

（"What would Jesus do?"）」と問うことを一時的な流行にしました。21節でイエスの親族のある人々を人形のように使うことによって、マルコはこの質問の方向を変えています。「あなたならイエスに対してどうするだろうか（"What would you do to Jesus?"）」。21節のイエスの親族の動機を確認する方法はありません。マルコは上手くそれをあいまいなままにしているのです。マルコが示唆していることのすべては、イエス自身の親族がともかく、イエスが理性を失った、つまりギリシア語では文字通りに彼が「自分自身の外に出た」〔脱自や脱魂と呼ばれる現象に当たると考えられる〕という広く行き渡った風聞に動かされたということです。イエスの親族は、彼らの気が変になった親族を取り押さえようとしてやって来ます。この箇所の「取り押さえる」という動詞は、「つかまえる」、「ひっつかむ」、「逮捕する」という意味をもつ攻撃的なギリシア語です。それはマルコが後に、洗礼者ヨハネとイエスの逮捕を記述するために使う言葉です。しかしわたしたちは、マルコの意図を知ることができません。わたしたちは、イエス自身の親族がイエスを悪意のある噂から守ろうとしたのかどうか、また彼らが何らかの点で噂に同意しており、彼らの親族に拘束服を着せようとしていたのかどうか、あるいは彼らがただ家名のことが心配であったのかどうか、疑問を抱いたままにされます。

わたしたちとイエスとの関係は重要ですか（3:22－30）

この時点でマルコは、家族の忠誠の問題をいったん中断して、わたしたちを脇舞台（サイドステージ）に連れて行きます。そこには新約聖書の中で最も難しい箇所が待っています。きわめて興味深いのは、マルコの物語の形成過程において、これが、イエスが一定の長さをもって語っている最初の教えだということです。そこには、イエスの最初の譬えも含まれています。

この論争を理解するうえで最も重要な課題は、議論の構造を確認するということです。第二に重要な課題は、わたしたちが自分自身を律法学者の立場に置いてみることができるかを確認することです。すなわち、あまりにも安易にわたしたちは「わたしたち」、律法学者は「彼ら」と結論していないかを確認することです。わたしたちは、自分たちがどんな点においても冒瀆的な行動などしないと主張するいかなる読みにも、断固として抵抗しなくてはなりません。

律法学者とは誰でしょうか。
律法学者は元来、宗教とは無関係の役人で、律法を扱う法律家や筆写師のような役割を果たしていました。やがて律法学者は、よりいっそう宗教的な地位を確立するようになり、ファリサイ派と結びつけられるようになりました。

まず最初に、議論の構造を見てみましょう。律法学者は――学者肌の、専門家で、1世紀のユダヤ教の律法の権威でありますが――イエスの行動を検閲するために、エルサレムからガリラヤ湖まで少なくとも70マイル〔約113キロ〕ある遠い道のりを旅してきたのです。これはささいな報告ではありません。大きな利害がからみ、鋭く対立している場合には、雨も霰（あられ）も距離も、わたしたちの突進を止めることはできません。律法学者は、イエスは気が変になっているという噂についての自分たちの理解を確認するために、遠路をはるばるやって来たのです。「イエスは悪霊の頭にとりつかれている。それゆえ彼は、悪霊を支配することができるのだ〔新共同訳「あの男はベルゼブルに取りつかれている……悪霊の頭の力で悪霊を追い出している」〕」(22節)。これを診断と呼びましょう。

イエスはここから攻守を替えて、この論争の残りの部分ではイエスが語ります。興味深いことに、この重大な時にイエスは、直接的に語るのではなく譬えによって語ることを選択しています。彼はこれらの律法学者を利用して、律法学者たちには直接意味はないけれども、真理に向かう眼と耳を備えた人々、つまり教会にとっては意味のある何ごとかを啓示しようとしているのです。わたしたちはマルコ 4 章で、譬えに関するマルコの理解についてさらに多くのことを学ぶでしょう。しかし今のところわたしたちは、譬えは、イエスの手の中にあって、何ごとかを明らかにする機能だけではなく、人の理解をさまたげる機能をも持つという、理解しづらいマルコの確信を受け入れましょう。換言すれば、これは邪悪な律法学者との議論というよりは、教会に向けた悪の性質と力についての教えなのです。

さらに議論の構造を追い続けましょう。もし 22 節が律法学者の診断(「イエスは〔悪霊に〕取りつかれている」)であるなら、23−26 節は、これらの専門的な解釈者が彼について誤診をした(「もしわたしが取りつかれているなら、サタンは内部分裂していることになる」)というイエスの宣言です。こうして 27 節にいたると、イエスは律法学者が下すことのできなかった正確な診断を下すのです(「わたしは悪霊に取りつかれてはいない。わたしは全能であり、今、悪の家を略奪しつつあるのだ」)。イエスはそのあと 28−29 節で、このような誤診が教会にとって(律法学者にとってではなく)どれほど破滅的な結果をもたらすかを警告します。このような振る舞いが決して容認されてはならないことをイエスが教会に伝達するのに、これ以上明確な方法はあり得なかったでしょう。ウィリアムソン(現代聖書注解『マルコによる福音書』144 頁)が言っているように、「イエスは

「これらの最初の数節におけるマルコの意図は明確です。つまりイエスは神［の国］の代理人であって、神に敵対する悪魔的な力を打ち破るために来たということです。つまり悪霊追放は、イエスの内に働く汚れた霊を打ち破る神の聖霊の力を啓示しているのです」
——ミッツィ・マイナー『マルコ福音書の霊性——神に応えて』(Mitzi Minor, *The Spirituality of Mark: Responding to God* [Louisville, Ky.: Westminster John Knox Press, 1996], 78)。

サタンにとって親類ではなく、生かしてはおけない敵」なのです。

28−29節のイエスの警告は、聖書の中で最も理解が難しい箇所に違いありません。ギリシア語テキストは文字通りには次のように読めます。

> まことに、人間のすべての罪は赦される。あなたの犯す冒瀆もあなたが数えることのできるだけ赦される。しかし聖霊を冒瀆する者は誰も永遠に赦しを得ることがなく、永遠の責めを負うことになる。

このテキストがこれほど難しい理由の一つは、その歴史において教会がこのテキストを誤用してきたことにあります。このぞっとする節を文脈から引き離して、教会はしばしばそれを未信者に信仰を強要するための武器として振り回してきましたし、あるいは信者に対して自己懲罰の道具としてそれを提示してきたのです。どちらもイエスの意図ではありません。実際イエスには、教会生活においてこの節を実践的に使用する意図は、まったくありません。むしろイエスは、自分が何者であるか——そして神が彼の人格において今まさに支配しておられること——を、想像できる最も明確で、最も鮮やかで、そして最も力強い否定の仕方で、主張しているのです。ここでの彼の興味は、律法学者あるいはこの問題に関わるほかの誰かの永遠に至る個人的運命を予告することではなく、イエスご自身に対する彼らの絶対的否定的評価を絶対的に否定すること、それによって世界に対して彼のもっている絶対的に肯定的な事実に教会が耳を傾け、それを具体化するようになることなのです。

これをもう一つ別の、より神学的な角度からながめてみましょう。世界にとっての輝かしいニュースは、神の子イエス・キ

もっと知るには？

悪霊について――
L.ライケン、J.C.ウィロア、T.ロングマン3世編『聖書イメージ事典』(Leland Ryken, James C. Wilhoit, and Tremper Longman III, eds., *Dictionary of Bibilcal Imagery* [Downers Grove,Ill.: InterVarsity Press, 1998], 202－4)、「悪霊」（大串肇）『新共同訳 聖書事典』（35-36頁）を見よ。

悪魔払いについて――
リチャードP.マクブライアン編『カトリック百科事典』(Richard P. McBrien, ed., *Encyclopedia of Catholicism* [San Francisco: Harper, 1995], 503－4)、「祓い」(G. Fohrer)『旧約新約 聖書大事典』(946頁）を見よ。

癒しについて――
ドナルドK.マッキム『改革派の信仰事典』(Donald K. McKim, *Encyclopedia of the Reformed Faith* [Louisville, Ky.: Westminster John Knox Press, 1992], 164－65)、「癒し」（黒住真）『岩波キリスト教辞典』（101頁）を見よ。

リストは受肉した神であるということです。律法学者は、イエスの事実を転倒させて、イエスがサタンの受肉者であると宣言するのです。世界にとっての輝かしいニュースは、イエス・キリストが神の慈愛の受肉者だということです。律法学者は、イエスの事実を転倒させて、イエスが神の無慈悲の受肉者だと宣言するのです。世界にとっての輝かしいニュースは、イエス・キリストが神のこの世界に対する救済的支配の受肉者だということです。律法学者は、イエスの事実を転倒させて、イエスがこの世界に対するサタンの破壊的な攻撃の受肉者であると宣言するのです。律法学者は事実上、神の目をじっと見て、「あなたは神と完全に相反する者である」と断言します。

律法学者は、道徳を絶対的に相対化してしまうという罪を犯します。彼らは、道徳的宇宙を崩壊させ、それによって彼ら自身を道徳的な無理解というブラックホールの中に閉じこめています。イエス・キリストがわたしたちに絶対的希望を垣間見させてくれる存在とするならば、律法学者は絶対的絶望を一瞥させる存在なのです。

換言すれば、イエス・キリストを誤診することによって、律法学者は、事実を完全に反転させて、絶対的な善（イエス）を絶対的な悪（ベルゼブル）と再定義し、言うなれば、神の目を見つめて、そして神を「悪魔」と呼び直しているのです。マルコはわたしたちに、次のことを知らせようとしています。この完全な逆転を、どの程度の真剣さであれ受け入れるならば、逆転された象徴的世界——そこではすべてがありのままの姿ではなく倒錯している——に、わたしたちが閉じ込められてしまうということを。

もっと知るには？

赦されない罪について——
ジョージ・アーサー・バトリック編『インタープリターズ・ディクショナリィ・オブ・ザ・バイブル』（George Arthur Buttrick, ed., *The Interpreter's Dictionary of the Bible*, vol. R－Z [Nashville: Abingdon Press, 1962], 733–34）を見よ。

この箇所は、イエスの人格において神が地上を支配するという、神の子としてのイエスのアイデンティティを主張するマルコ特有の方法を示しています。マルコは、イエス・キリストに対するわたしたちの応答が究極的に問題になるという事実を、教会が、いささかの疑いもなく知ることを望んでいるのです。マルコは、わたしたちがイエス・キリストを敬意をもってながめ、彼の絶対的力と徹底した謙虚さに対する畏れをもって立ち、彼の主権に自分自身を任せることを望んでいます。ウィリアムソン（現代聖書注解『マルコによる福音書』146頁）は、「赦されない罪」に言及するマルコの意図が、教会を刺激してイエス・キリストに対する肯定的な応答を引き出すことにある、と主張しています。

> その罪は、イエスにおいて働く超自然的な力を認めるが、その力を汚れたものあるいは悪いものと呼ぶことである。その罪は、神の癒しとゆるしの代理人そのものを拒否するがゆえに、ゆるされえないのである。……このテキストは、すべての読者に対して、ここでわれわれと出会うかたへの

> われわれの応答の重大性に関する警告として機能しつづける。

もうひとりの新約聖書学者ポール・マイネア（Paul Minear）は、神の領域に属するこの複雑な難問の性質について、有益な説明をしています。わたしたちが赦されない罪を犯す時、神は個人的にわたしたちを断罪しているのではないという、ここに示されている意味を正しく評価するように努力してください。ここでは断罪ではなく、神の創造はどのようにわたしたちの不正な行動を矯正するように意図されているかが示されているのです。それ自身の道徳的な完全性と機能をもって創造された世界とは、まさにユダヤ教的な世界理解を示しています。

> 聖霊を〈汚れた霊〉と呼ぶことは、悪霊に打ち勝つ力を否定することだと解するなら、われわれはあまりまちがってはいないであろう。聖霊を汚れた霊と呼ぶことは、神は罪をゆるしうるということを全く否定することである。それは絶望の極まった形である。なぜなら、その場合、人間は悪の力の拘束から自由にされうるという可能性を否定しているからだ。この絶望において、人は実に全能の父の地位をサタンに渡すのである。このような絶望は、ゆるしのはいって来る唯一の入口を閉ざすゆえに、ゆるされ得ない。
>
> （マイネア『マルコによる福音書』113−14頁）

ウィリアムソン（現代聖書注解『マルコによる福音書』147頁）の言葉では、「ゆるしに反抗する者だけがゆるしから除外されるのである」。

繰り返すと、マルコは律法学者たちに彼らの個人的な未来について警告をしているのではありません。むしろ彼は、律法学者たちを用いて、イエス・キリストの人格を明確に理解することの絶大なる重要性について、教会に警告を発しています。マルコは極端な用語を用いていますが、これは教会の恐怖心をあおっているのではなく、最終的にイエス・キリストの人格が絶対的に信頼できるという確信をわたしたちに与えようとしているのです。イエス・キリストを曲解することが生命にかかわるという事実をわたしたちに警告することによって、マルコは、イエス・キリストに従うことが生命を与えるのだ、とわたしたちに確信させようとしているのです。教会がイエスのあとに続いて山頂から下ってくる時、マルコは、イエスに生命を吹き込んでいる霊がイスラエルの聖なる方——生と死のあらゆる荒野において信頼することができる方——の霊であるという教会の信仰に、微塵の疑いも残したくないのです。

再び、わたしたちとイエスはどのような関係にあるのか（3:31–35）

マルコはこの時点で、つまりイエス・キリストに対するわたしたちの応答が持つ重大性についてわたしたちに目を覚まさせた後で、イエスとその親族との対面の場面に戻ります。マルコが、イエスと共に成長し、だれよりも彼をよく知っているはずの人々との出会いの記事に、律法学者の記事を入れ子にしたことを思い出してください。わたしたちがこの律法学者たちとの論争を離れると、マルコは、21 節で始まった家族との出会いではぼやけていた焦点を、32 節で「母上と兄弟姉妹がた」へとしぼり込みます。わたしたちには、イエスが今だれと対峙するのかについて、まったく疑問が残されていません。

テキストはすぐにわたしたちの中に、家族に対する優先性の問題を提起します。イエスは、彼自身の母と兄弟たちを優先的に扱うでしょうか。イエスの家族はどんな種類の反応を見せるでしょうか。彼らは、弟子であろうとする時、〔家族でない人々に比べて〕より寛大に扱われるのでしょうか。

ここでマルコは、イエスに誠実に応答するということの性質をめぐって、わたしたちをもてあそんでいるように見えます。焼き印を押すような痛烈なこの場面において、マルコは、一切の愛情、忠誠、儀式を葬り去って、イエスの後に従う旅が決して感傷旅行ではないことを明らかにします。一方で、マルコはわたしたちに、イエスの母と兄弟姉妹たちが到着して、外に立ち、まるで臆病なのか、気が進まないか、あるいは、近づく方法が見つからないかのように、遠くから中にいるイエスを呼び出そうとしている、と語ります。他方、肉親では**ない**群衆が、イエスの周りに親密な仲間のように輪をなして、じっと座っています。本能的に、輪（サークル）の中の人たちは彼の最愛の母の到来をイエスに知らせます。それに対するイエスの返答は「わたしの母とは誰ですか」という聖書の中でも躓きの多い一つの質問でした。わたしたちはイエスの皮肉な態度を非難することができるかもしれません――もし彼がすべての瞬間に真理にこれほど集中しているのでなければ。

> 「すべてのキリスト者はこの意味で『イエスと共に』いるために召されているのです――単に彼に**ついて**学ぶだけではなく、彼**から**、憐れみをもって行動し、悪に抵抗することによって、神の支配のしるしとして生きるということはどういうことかを、学ぶために召されているのです」――ヘア『マルコによる福音書』(Hare, *Mark*, Westminster Bible Companion, 48)。

イエスがここでわたしたちの躓きとなるのは、彼があえて、ふつうならまず第一に優先させるべき人々が形成する〔家族という〕魔法の輪（サークル）の外に踏み出しているからです。彼は大胆にも、わたしたちを救うことができないアイデンティティの中にわたしたちが安住するという、そのあり方をくつがえしてしまいます。彼はあえて、わたしたちが成るべく神が意図した者に成るように、また究極的には満足を与えることのないアイデンティティによって自分自身を満足させるのをやめるように、強く主張します。イエスは単に漁師と徴税人のアイデンティティを〔弟子として〕再確認（リ・アイデンティファイ）するだけではなく、あえて、彼の母を群衆として、群衆を彼の母として再確認します。イエスはすべての社会・文化的境界線を踏み越えます。もし教会に対する警鐘があるとするなら、イエスはこの箇所でそれを提示しています。「わたしの母がわたしを愛するように、あなたたちがわたしを愛するならば、あなたたちはその生き方によって神の意志を形にすることになります」。

皮肉（アイロニー）をふくんだ圧倒的な筆遣いで、マルコは、イエス・キリストに対するわたしたちの応答が適切であるかどうか、と自問させるのです。この場面が閉じられようとする今、わたしたちは、イエスに対するわたしたちの姿勢が、彼とどのような関係にあるかを決定するのだということを確信させられます。近くに座って、むさぼるように神の意志に耳を傾けることをいとわない人たちは、わが子を愛する母親にしかできないような仕方でイエスを愛する人たちなのです。遠くからイエスを呼ぶけれども、身内であることを特権として信頼する人たちは、ただ単にイエスが有名人であることに夢中になっている人たちなのです。

> 「それは最初期の教会に対する進軍命令であり、招きであり、約束であった。そしてなお今日の信仰共同体にとっても、そうなのである。この言葉を聞きまた行おうとするする者は誰でも、イエスの真の親族になることができよう」――ウィリアムソン、現代聖書注解『マルコによる福音書』145 頁

生物学的関係は、弟子であることと同等ではないのです。

? さらに深く考えるための問い

1. このスタディ版の著者は、マルコ 3:14−16 の動詞を〔NRSV の〕「任命する（appoint)」に代えて「形成する（fashion)」と翻訳しています。この翻訳上の違いは、これらの節に関するあなたの理解にどのような影響を与えますか。
2. この単元（ユニット）から引用した次の記述についてじっくり考えてください。「時機と活動、内省と奉仕、礼拝と宣教がひとつになる時に初めて、教会は、真の自分を自覚し、その名にふさわしく行動することができるのです」。著者が語っている、ひとつになることとは何ですか。そしてそれはどのようにして達成することができるのでしょうか。
3. マルコ 3:21 と 31−35 は、マルコによる福音書の中でイエスの家族に言及しているわずかな言及のうちの二つです（6:3、15:40−16:1 も見よ)。あなたは、イエスの家族について、なぜそんなに少しのことしか語られていないのだと思いますか。それらの言及は、なぜ漠然としていて、素っ気ないのでしょうか。
4. マルコ 3:22−30 は、マルコ 5:1−20 の物語をほのめかしています。少し時間をとって、その物語を読んでください。これら二つの物語の間に、あなたはどんな関係を見いだしますか。それぞれの物語は、他方の物語に対してどんな洞察を提供していますか。

3

マルコによる福音書 4章1－34節

秘密(ミステリー)が明らかにする

前の単元(ユニット)で扱った聖書の箇所はわたしたちに、イエス・キリストとわたしたちがどのような関係を結んでいるのか、という質問に答えるよう強く求めました。わたしたちは、その物語冒頭の単独での連続的な宣教活動の後に、イエスが、山頂に退き、十二人の使徒たちを召して集団を形成し、彼らにくびきを与えて自分自身につなぎとめ、宣教と悪霊追放というキリスト者の召命(ボケーション)を共有させたことを思い出します。

山に退いたこの時に、イエスは教会の土台を据え、そしてわたしたちの召命を明確化して、わたしたちが地上において神の国の栄光に満ちた知らせを宣べ伝えかつ具体化する民であることを明らかにしました。簡潔な言葉で、イエスは、わたしたちが悪に対する神の勝利に浴する民であることを確認しました(3:26–27)。歴史的にみれば、教会は使徒職を少数者による位階的支配として誤解してきたかもしれませんが、わたしたちはむしろ大胆に、マルコが今日も十二人の最初の召命を勇敢に引き受けるようにとわたしたちに呼びかけていると信じます。

教会の本質を説明した後、イエスはわたしたちに、より深い質問を投げかけました。つまり、イエスと関係が結ばれているということが何を意味しているのか、と。家族との関わり合いの記事に入れ子にされた宗教の専門家との論争を通して、マルコは、弟子として生きることを、究極的に人間の運命を決定する重大な旅、ただ乗りのできない旅として特徴づけました。マルコによるこのエピソードの結びは、イエスの長く人の心を探るような凝視と、ただ神の喜ばれる召命の実践者のみがイエス・キリストとの有意義な関係を主張することができるという突き刺すような断言でした。自分の都合でイエスに従う人たちは、興味本位でそこにいる群衆の中へと一掃されます。そこには彼自身の母親さえ含まれています。

第3章の激しい展開の後に、マルコは、第4章を提示します。それは、わたしたちがキリスト者としての召命に疲れ果てる時に慰めとなります。この章を注意深く包括的に読むことによって、教会は報酬として、弟子であることから生じる不安と痛みを癒す栄養物と慰めを得るでしょう。これはマルコの物語におけるイエスによる最初の正式の説教であるだけでなく、マルコの記憶にとどまっているイエスによる最も長い教えなのです。さらに、わたしたちが、地上に神の国が到来することについてイエスが語った最初の説教（1:14−15）を詳述するのを聞くのは、これが初めてなのです。

> 「解釈者の仕事は、いつも新しくなる状況においてこれらの話を取り上げ、そのことによって、聖書の手本に従うことである。そしてそれらの話が、正典的文脈におけるその意味との継続性を保ちながら、新しいニュアンスをもって自由に語るままにしておくことである」――ウィリアムソン、現代聖書注解『マルコによる福音書』152頁

わたしたちがこの挑戦的な箇所に取り組む時、二つの重要な問題が表面化します。まず第一に、この箇所は始めから終わりまで、統一性をもったものとして扱われなくてはならないということです。この箇所の全体からいかなる部分であれ分離することは、この箇所のもつ語りかける力を弱くすることになります。もしこの箇所のほんの一部分でも読者によって「洗い清められる」ようなことがある

なら、この章はその分だけ矮小化されてしまいます。ウィリアムソン（現代聖書注解『マルコによる福音書』148頁）は、もっぱらテキスト全体をしっかりと視野におさめる人たちだけが、その報いとして意味を知ることができる、と注意しています。「マルコにおける譬えによるイエスの話は、外見は魅力的に単純であるが、絶えず深まる対話を求めている。この対話をとおしてわれわれは、神の国の約束を知り始めるのであり、またこの対話の中でわれわれは、聞きなさいと繰り返し求めるイエスの呼びかけに出会うのである」。

マルコ自身が、テキストの統一性を主張しています。彼は、この箇所を完成された一つの岸辺の場面として芸術的にまとめあげることによって、わたしたちがこの箇所を一つにまとめられた言葉として読むように促しています。1節で「イエスは、……湖のほとりで教え始められ」ます。35節で夕方になるまで、彼は教え続け、そして「向こう岸に渡ろう」と話を結びます。

この箇所のもっている力を発揮させるのに重要な第二の点は、この箇所の言葉はイエスによって彼の弟子たちに語られたものですが、あなたやわたしつまり今日の弟子たちに語りかけるために、マルコによって形成された言葉として聞くことです。換言すれば、マルコは物語としてはこの4章の場面をイエスの時代に位置づけているけれども、同時に彼の意図は、この場面がマルコの時代の教会とその後の世代に語りかけることにあるのです。

弟子たちの宣教活動（4:1−34）

この章の全体としての目的は、わたしたちに共通するイエス・キリストの証人としての召命を全うする力をわたしたちに与えることにあります。マルコの目的は教会に備えをさせて、神の国に関する良き知らせを撒き〔＝伝え〕、それから再び良き知らせを撒き〔＝伝え〕、さらに繰り返し繰り返しそれを撒き〔＝伝え〕——つまり、あらゆるところに福音の種を蒔き、そして蒔かれたらそのままにして、成長を神にお任せするということなのです。

ほかの種は良い土地に落ち、実を結んだ。

使徒パウロから借用する警告が、マルコの最優先の課題を説明します。「わたしたちのことをこのように考えなさい。つまりキリストの僕であり、神の秘密（ミステリー）に仕える者であると」（Ⅰコリント 4:1、NRSV からの翻訳、強調付加）。このテキストを解釈する鍵は、マルコが、教会は大いなる他者の僕、また大いなる他者の秘密（ミステリー）に仕える者以上の存在になることを熱望してはならない、としている点です。マルコは、わたしたちが、この宣教活動のための力が直接的に働き人の謙虚さに比例している、ということを理解するのを助けようとしているのです。つまり種蒔く人が謙虚であればあるほど、それだけその種蒔きの働きが強力なものになるのです。教会が（主人であるよりむしろ）僕として、そして（所有者であるよりむしろ）仕える者として満足を見いだせば見いだすほど、それだけ教会の宣教活動はよりいっそう効果的になるのです。

この真理の機微をとらえるのは容易ではありません。現代の教会はなぜこれほどまでに、種蒔く人のつつましい役割に満足していないのでしょうか。なぜわたしたちはあまりにも安易に、統計や数量や結果に夢中になってしまうのでしょうか。それらは成長させてくださる方にのみ、不思議な形で属していることであるというのに。

マルコはこの教えをわたしたちのような教会、つまりその召命を誤解しているゆえに、骨の芯まで疲れ果てた教会に向けて語っているのです。マルコは、僕であることと仕えることの本質をとらえ損ねてばかりいる弟子たちのために書いています。自分自身を僕と称しながらも、彼らの主人だけが負っている重荷を負い続ける、疲れ果てた教会の働き人のために、マルコは書いています。彼らは自分自身を謙虚に仕える者と呼びながらも、創造者だけが担っている秘密（ミステリー）を担おうと努力し続けているのです。マルコは、このような自己中心性が極度の疲労とストレスによって教会を殺すということを、経験からすでに知っています。マルコは、自負という偶像礼拝に閉じ込められた教会には、善と呼びうるものがほとんど存在しないことを知っているのです。この福音書は、弟子としてのわたしたちの生活における神の主権を説いた、マルコの〈傑作〉です。

この疲労を前にして、ウィリアムソンは、励ましと勧告のモティーフに言及しています。わたしたちは、単にイエスが彼の弟子たちを励まし、勧告を与えている声を聞くだけでは足りません。さらにマルコが最初期の教会のメンバーを励まし、勧告を与える声を聞くだけでも足りません。わたしたち自身もまた、この励ましと勧告の声を聞くべきなのです。「励ましのモティーフは、小さなあるいは落胆させるような初めと、大きなあるいは喜びを与える終わりとの対比の繰り返しの中で明らかになる。勧めのモティーフは、聞きなさいとの呼びかけと正しく聞くことのできないことに関する警告を繰り返すという形をとっている」（ウィリアムソン、現代聖書注解『マルコによる福音書』150頁）。

この章は、険しい道を縫うように進みます。それゆえわたしたちはこの後の解釈上の地図によって道を案内してもらうことにしましょう。テキスト全体を横断するまでは、到着したと感じることに抵抗しましょう。そうすれば、横断し終えて後ろを振り返った時に、わたしたちは、この旅のもつより大きな目的をより良く理解するでしょう。

神の国の譬えのための解釈地図

4:1–9　群衆よ、教会は種を蒔かなければなりません。種を蒔くことと成長させることが同じだと誤解してしてはなりません。ただ種を蒔きなさい。できるならば、このことを理解しなさい。

4:10–12　弟子たちよ、あなたがたは、神の国の秘密（ミステリー）を理解するように選ばれた者たちです。わたしは群衆から教会を区別するために譬えを使います。教会とは、地上における神の国を理解し、共に働く残りの者のことなのです。

4:13–20　弟子たちよ、あなたがたは理解できないのですか。蒔いて、成長は神にまかせなさい。

4:21–23　弟子たちよ、絶望してはなりません。種を蒔きなさい。あなたがたは、種を与えられた人々です。種を蒔かないことは、ランプを手にして部屋の中に入っていって、ランプの灯りを隠すようなものです。ただそれを持って入っていって、それを輝かせなさい。成長させてくださる方を信頼しなさい。成長させることと種を蒔くことの努力を同時にしないでください。ただ種を蒔くことに全力を注いでください。わかりましたか。

4:24–25　弟子たちよ、絶望してはなりません。種を蒔きなさい。種を蒔くことは、あなたたちの目的、あなたたちの存在理由、あなたたちの生活なのです。あなたが存在することは、種を蒔くことによっているのです。だから、種を蒔き続けなさい。この神秘的（ミステリアス）な種は、ただあなたから離れればこそ、それ本来のものになります。それをじっと手に持っていることは、それを失うことです。種を蒔きなさい。

4:26−29　弟子たちよ、絶望してはなりません。種を蒔きなさい。収穫は、あなたの技術や専門的知識の問題ではありません。ただ種を蒔いて、健やかに眠りなさい。成長は、自ずからもたらされるでしょう。ただ種を蒔いて、そのままにしておきなさい。

4:30−34　弟子たちよ、絶望してはなりません。種を蒔きなさい。種蒔きの貧弱さを心配してはなりません。たとえあなたが貧弱な種蒔きをしたとしても、収穫はあなたの手の中にはないのです。神の国は、農業の標準的な規則に従いません。成長させてくださる方は、あなたが蒔く何ものをも——何ものをもです——あなたがそれをどこに蒔いても、どんな方法で蒔いても、それを引き受けて、豊作をもたらすことができるのです。ですから、種を蒔きなさい。

神の国の福音の種を蒔くことについての譬え（4:1−9）

わたしたちが紀元１世紀の農業のイメージの上に20世紀の農業の実態を押しつけるのを防止するために、ウィリアムソン（現代聖書注解『マルコによる福音書』153頁）は古代農業について以下のような、これまでになかった示唆を示しています。

テキストは、われわれを大群衆と共に湖に沿ってゆるやかに傾斜する丘陵の斜面に連れていく。そこでは穀物畑が水

> 辺まで広がっている。漁師と農夫たちは互いにその仕事を見ることができ、どちらの生活場面も他方にとってよく知られた映像であったであろう。ガリラヤで穀物畑に種をまく農夫たちがまず種をばらまき、その後にそれを土にすき込むことは、皆が知っていたであろう。種まきの時には目立っていたあざみの茂みは、耕作によって消えうせたであろう。ちょうど同じように、広い岩だなはすきで土の薄い表面をひっかいて掘る時はじめて現われたであろう。……生命力に満ちた黄金色に輝く種が、種まく人の間断のないリズミカルな腕の動きによって小袋からばらまかれる。種は種まきがすでにその収穫を予期している全領域をおおいつくす。しかしその種は、様々な運命に出会う。耕されない小道に落ちた種は、小鳥たちが食べてしまう。畑のいくつかの場所では、岩のために種は根をはることがほとんどできない。まかれた種と一緒にそこかしこで土の中におかれていたあざみの種が芽を出し、穀物をふさいでしまう。良い地では、収穫は茎によって異なる。種は、こうして異なる運命に会うが、まき散らされた種全体の運命は、種まく人のヴィジョンが現実になるときに、成就される。

この有益な説明によって、わたしたちは、おそらくはじめて、古代世界においては事実上いかなる収穫であれ、ともかくその収穫が、種蒔く人の仕事と希望の完了を意味していたということが理解できるのです。プロセスと効率に対する現代のわたしたちの執着心は、この古代の成功の観念とは異質のものです。わたしたちが忠実に福音の種を蒔くことができるようになるためには、今日有効な多くの貴重な農業技術から、自分自身を解放しなくてはなりません。近代農業の発展は、イエスの隠喩（メタファー）を粉砕するおそれがあります。

忘れないでください。4章は、集団農業が営まれる王国について語っているのではありません。それはイエス・キリストの人格における、地上での神の支配について語っているのです。明白な事実は、ただ神だけが理解し、わたしたちにはあきれるほどに解読不能な規則によって、神が支配するということです。わたしたちはこれに満足していないかもしれません。しかしマルコには、神の規則が支配するということは、澄みきったように明らかなのです。

「イエスと共に、絶対的に新しい何かが、世界に到来していた。イエスは神の国の具体化だった。なぜなら、彼の全生涯が神の意志に完全に一致するものとして生きられたからである」――ウィリアム・バークレー『イエスの譬え』（William Barclay, *The Parables of Jesus* [Louisville, Ky.: Westminster John Knox Press, 1999], 36）。

譬えの目的（4:10－12）

この箇所は、3章の永遠の罪の箇所と同じぐらいやっかいな箇所です。わたしたちが4章を旅するさなか、わたしたちはこの特別な絶景に立ち止まって、ここで旅を終わらせてしまおうとする誘惑にかられます。イエスがここで語っていることは、わたしたちの現代的な感受性を苦しめます。イエスは、譬えが、弟子たちが地上における神の支配を理解できるようにし、同時に、他の人たちに対して神の支配を秘密（ミステリー）の内におおい隠すと宣言します。

実際には、イエスはこれ以上のことを語っています。彼は、地上における神の支配は、弟子でない者にとって、譬えによって鍵で閉ざされたままであり、それは彼らが神の支配を理解するのを阻止し、彼らが立ち返るのを阻止し、そして彼らが罪を赦されるのを阻止するためであることを、明確にします。イエスの言葉のもつ躓きを薄めようとしても無駄です。彼は明らかに、人が弟子であるか否かによって、また人が神の国の秘密(ミステリー)を与えられているか否かによって、譬えが二重の目的を持っていると語っています。譬えは、明らかにすることも、隠すこともあります。そしてイエスは、わたしたちがそれを好むと好まざるとにかかわらず、両方の目的でそれらを使うのです。

> 「イエスの言葉、イエスについての言葉を聞くこと、それを信じ、それに基づいて行動すること、これが個々人や教会や世界における神の国あるいは神の支配の奥義なのである」――ウィリアムソン、現代聖書注解『マルコによる福音書』157頁

しかしながら、イエスがここで語っている内容の明快さは、問題の核心ではありません。わたしたちが取り組まなくてはならないのは、4章のイエスの説教全体の文脈において彼が言おうとしていることです。それゆえ、イエスの言おうとしている意味を把握するために、二つの動きをしましょう。第一に、9節の後、イエスが、彼の弟子たちを岸辺にいる大群衆から引き離して、残りの教えを与えるために彼らと個人的に対話しようとしていることに、注目しましょう。また、マルコにとってはわたしたちが弟子である、ということを思い出しましょう。だからわたしたちは実際、舟の中にイエスと共にいるのです。わたしたちは、イエスに従う疲れ果てた、そして困惑した従者なのです。この奇妙なイエスの発言は、もっぱら教会のためになされています。

さてわたしたちは、舟の中にいます。そして神の国を伝えるためにイエスが譬えを使うことについて困惑をおぼえています。わたしたちは、自分たちが福音の種を蒔いたのに、それに対する反応が貧弱だったことに落胆しています。わたしたちは、わたしたち自身の怠惰な努力に対して、腹を立ててさえいます。ことによるとわたしたちは、伝道上のテクニックについて、お互いに口論しているかもしれません。わたしたちに向かって、イエスは厳しく忠告します。

あなたたちは群衆ではありません。あなたたちは、わたしに従う者たちです。彼らは、わたしを傍観している人たちです。あなたたちがわたしに従ってきたのは、あなたたちに、わたしが何者であるのかについての洞察という賜物が与えられたからであり、群衆は、ただ見ているだけなのです。彼らにとって、わたしを通してなされる地上における神の支配は、秘密(ミステリー)のままです。譬えは、今のところ、あなたたちと群衆を互いに異なるものにしています。あなたたちは種蒔く者であって、成長させる者ではないのだから、あなたたちの種がどこで成長するか、そしてそれがどこで成長しないのか、について心配してはいけません。自分の仕事をすることによって、自分の仕事を誉め称えてください。あなたたちの蒔くものが群衆の中に根を下ろすか否かは、あなたたちの課題ではありません。あなたたちの召命に感謝しなさい。そしてそれを感謝して実行しなさい。

わたしたちがイエスの言おうとしている意味を理解するためにすべき第二の動きは、旧約聖書に戻るという動きです。この箇所の躓きとなる部分は、イエスによる預言者イザヤの引用です。したがってイエスの意図を把握するために、わたしたちはまず、イザヤ書と取り組まなくてはなりません。

このイザヤ書のテキストは、教会のお気に入りのテキストの一つです。数多くの賛美歌がこのテキストを基礎にして作られています。奇妙なことに、教会の賛美歌は、イエスの引用部分を、決して取り上げないのです。実際、教会はほとんどつねに、イエスの興味をかき立てている部分にわたしたちが到着する前に、読むのをやめてしまうのです。イエスが引用しているテキストは、預言者的宣教活動へとイザヤを召す神の召命の記事です。つまりイザヤ書6章1–13節です。そしてそれは、一つのまとまった文章として読まれるべきテキストです。わたしたちは、イエスがこのテキストの一部を引用した時、このテキストの全体が弟子たちのユダヤ人としての意識の中に押し寄せて来たと確信することができます。

[1] ウジヤ王が死んだ年のことである。わたしは、高く天にある御座に主が座しておられるのを見た。衣の裾は神殿いっぱいに広がっていた。[2] 上の方にはセラフィムがいて、それぞれ六つの翼を持ち、二つをもって顔を覆い、二つをもって足を覆い、二つをもって飛び交っていた。[3] 彼らは互いに呼び交わし、唱えた。「聖なる、聖なる、聖なる万軍の主。主の栄光は、地をすべて覆う。」[4] この呼び交わす声によって、神殿の入り口の敷居は揺れ動き、神殿は煙に満たされた。[5] わたしは言った。「災いだ。わたしは滅ぼされる。わたしは汚れた唇の者。汚れた唇の民の中に住む者。しかも、わたしの目は／王なる万軍の主を仰ぎ見た。」[6] するとセラフィムのひとりが、わたしのところに飛んで来た。その手には祭壇から火鋏で取った炭火があった。[7] 彼はわたしの口に火を触れさせて言った。「見よ、これがあなたの唇に触れたので／あなたの咎は取り去られ、罪は赦された。」

[8] そのとき、わたしは主の御声を聞いた。「誰を遣わすべきか。誰が我々に代わって行くだろうか。」わたしは言った。「わたしがここにおります。わたしを遣わしてください。」

[9] 主は言われた。「行け、この民に言うがよい／よく聞け、しかし理解するな／よく見よ、しかし悟るな、と。[10] この民の心をかたくなにし／耳を鈍く、目を暗くせよ。目で見

> ることなく、耳で聞くことなく／その心で理解することなく／悔い改めていやされることのないために。」[11] わたしは言った。「主よ、いつまででしょうか。」主は答えられた。「町々が崩れ去って、住む者もなく／家々には人影もなく／大地が荒廃して崩れ去るときまで。」[12] 主は人を遠くへ移される。国の中央にすら見捨てられたところが多くなる。[13] なお、そこに十分の一が残るが／それも焼き尽くされる。切り倒されたテレビンの木、樫の木のように。しかし、それでも切り株が残る。その切り株とは聖なる種子である。
>
> （イザヤ書 6:1－13）

イエスは弟子たちに、自分に与えられた召命がイザヤの恐るべき召命と同類のものだと語っているのです。イエスは自分自身をイザヤと結びつけ、そして弟子たちに向かって、自分がイザヤのように、「この民の心をかたくなにし／耳を鈍く、目を暗くせよ。目で見ることなく、耳で聞くことなく／その心で理解することなく／悔い改めていやされることのないために」（イザヤ書 6:10）神によって召されたと語っているのです。

これは、なんと聞くに痛みを伴う言葉でしょうか。わたしたちはすぐに、その明確な意味に抵抗します。わたしたちはイエスの言葉の明白な意味を求めて格闘しますが、ここまで読むとようやくその意味がわかります。イザヤがこれを行うよう召されたのは、新たに芽吹いていずれは切り株となる聖なる種子がその土地に残されるまでに過ぎなかったのだ、と。実際、イエスがおそらく引用したギリシア語聖書は、この箇所については、わたしたちが今日読むヘブライ語聖書とかなり異なっているのです（もっともヘブライ語聖書も同じくこのような読みを支持してはいますが）。イエスの引用箇所の結び、つまりイザヤ書 6 章 12－13 節は、ギリシア語聖書では次のように読むことができます。

> [12] そしてこの後、神は、この民を遠くへ移される。そして土地に残された者たちの数は増大する。[13] そしてなお地上に十分の一が残され、そして再びその十分の一の人々は戦いの戦利品のように、テレビンの木のように、そして外被から落ちるとドングリのようになる。

「その十分の一の人々は……外被から落ちるとドングリのようになる」。ここでわたしたちは、イスラエルの残りの者に関する神学と出会うのです。それは、神の選民の残りの者が生存する限り、神がイスラエルとの永遠の契約に忠実であられる、という確信です。イスラエルの残りの者に関する神学は、ギリシア語翻訳においてはいっそう深みを増しており、イエスがこの難解な言葉によって言おうとしておられることを、わたしたちが垣間見るのを助けてくれます。イエスの召命は、戦いを経てもなお外側の殻から離れたドングリのもつ発芽力を維持している、一握りの忠実なる者たちを勝ちとることと関係しているのです。

イエスは弟子たちに語っています。譬えの機能は、残りの者たちが生き残り、彼らが神の国の到来という福音の種を蒔き続ける、ということを確信させることにあると。この残りの者という観念を、神の憐れみの行為としてわたしたちにとって好ましいものにしているのは、たとえ生き残るのがイスラエルのごく小さな部分であっても、イスラエルのすべてが彼らと共に生き残る、という（旧約聖書を一貫して明白な）ヘブライの人々の信仰です。古代のヘブライ人、イエスの時代のユダヤ人、そして現代のユダヤ人でさえ、この共同体的な人格を、自由を個人の権利の問題と規定する個人主義的なアメリカ人にとっては異質に見えるやり方で、具体化するのです。

マルコによる福音書4章の10−12節は、最初は奇妙な響きをもって聞こえるものの、以上のようにこの箇所全体の解釈の鍵を提供しています。イエスは、使命をもつ教会に、地上に神の国の福音の種を蒔くよう励まし勧告しようとしています。教会は、教会の外部からそして内部からの抵抗に直面してきましたし、その圧力によって元気を失うのです。イエスがイザヤ書を引用して明確にしようとしているのは、譬えによる教えを用いることによって、彼が教会（神の国の秘密（ミステリー）を与えられた人たち）の区分線を明確にし、彼らが人類の残りの者——人類の生存は彼らにかかっている——であることを確認しているということなのです。イエスは、種蒔く者という本性をもつ教会を励まし、教会が断固として種を蒔くというその使命を続行するように勧めています。さてわたしたちは、この箇所のその固い結び目を解いたのですから、この複合的なテキストの全体からメッセージを聞くように努力しましょう。

解釈の助け（4:13−20）

おそらくイエスは、種蒔く者の譬えを説明する際に、湖岸にいる群衆の中のさまざまなグループに向かって、身振り手振りを用いて教えているでしょう。ことによると、彼は、ひとつかみの種を蒔きながら話をしているかもしれません。わたしたちがこの箇所で手にしているのは、福音書においては珍しい出来事です。つまりイエスが教えの意味を、一句ごとに字義的に説明しているのです。説明はきわめて字義的で、ほとんど当惑するほどです。イエスの宣教活動におけるこの異例の瞬間〔の描写〕は、教えが教会に対して中心的な重要性をもつことをほのめかすマルコの方法なのです。

13-20節は、マルコがイエスの生涯の一場面を取り上げて、自分が牧会する会衆のためにそれを再加工している、というわたしたちの確信を支持する主要な理由の一つを示しています。福音書の他の箇所には、この箇所のように、それを通して初期の教会の生活と苦闘を垣間見ることができる箇所はほとんどありません。わたしたちは、疲れ果てた会衆に向かって、種を蒔き続けるように激励するマルコの説教を聞くことができます。わたしたちは、サタンが急にあらわれて、入信の可能性をもつ人々から彼らの蒔いた種を盗み去ってしまうことに、絶望しないよう説得しているマルコの声を聞くことができます。わたしたちは、最初は地上における神の国の栄光を理解しているように見えたのに、敵意という嵐が強くなるにつれて、屈せずに信じ通すことができなくなる入信者について嘆き悲しんでいるマルコの声を聞くことができます。わたしたちは、人間の意識から神が世界を支配しておられるという感覚を絞め出してしまう、日ごとの圧力、物質的な繁栄、地位への欲望などの力を引合いに出して語る、マルコの声を聞くことができます。

「実際に福音を聞くということは、それに基づいて行動することなのである」――ウィリアムソン、現代聖書注解『マルコによる福音書』161頁

しかしわたしたちは同時に、教会が蒔いているもの〔＝福音〕に耳を貸し、それを受け入れ、人の想像力を越える実を結ぶことのできるわずかな人々に対する、マルコの喜びの声を聞くこともできるのです。これらの人々がわずかでもいるのだから、あなたたちはあきらめるわけにはいかない、とマルコは熱心に説得しています。彼らのみが、あなたが生命をかけるに値する価値をもっているのです。

この説教に続いて、マルコは、種を蒔くことに関する4つの次元、すなわち、その価値、その評価、その自律性、そしてそ

の未完結性、という4つの次元を並置します。福音宣教の働きは、価値があり、本質的に貴重で、蒔いた人の力によらずに実りをもたらし、そして結果はまったく予測不能なのです。マルコは、この地上に神の国の種を蒔くのをやめる理由を残していません。

種を蒔くというこの働きの神にとっての価値（4:21−23）

ここでイエスは、かみそりの刃のように鋭い、修辞的な質問をします。つまり、本来隠すことのできないものを、あなたがたは隠すべきだろうか。籠やテーブルの下に置かれたランプのイメージは、おそらく危険をさえ暗示しています。あなたがたは、隠すことが自分たちにとって危険となるものを隠すべきだろうか。

絶対に、否です。

イエスは、弟子たちは自分に与えられたものが秘密（ミステリー）であって、それを伝達するのはとてもたいへんだ、という弟子たちの不満に応えているのです。

> イエスよ、いったいわたしたちはどのようにして、地上における神の支配のような秘密（ミステリー）を伝えることができるのですか。隠されているものと秘密（ミステリー）が、あまりにも多過ぎます。わたしたちは群衆に、あなたがわたしたちに宣べ伝えるように教えられたことを――つまり「神の国は近づいた」と――そのとおりに宣べ伝えても、しかし人々はそれを理解しません。わたしたちは疲れて果て、落胆し、そして困惑しています。わたしたちは、宣べ伝えることを中止したいのです。

「成功あるいは失敗にとって重要な多くのことが、種蒔く人が制御できる範囲を越えている。種を蒔くことは、当然、信頼と希望をもってなされる。そしてその結果は決して確実ではない」
―― R. デビッド・カイラー『預言者イエス――地上における神の国のヴィジョン』（R. David Kaylor, *Jesus the Prophet: His Vision of the Kingdom on Earth* [Louisville, Ky.: Westminster John Knox Press, 1994], 141）

伝道の苦闘とは、このようなものなのです。それに対し、イエスは神の主権について、次のような注目すべき発言をします。イエスは、地上における神の支配が隠されており（クリュプトス――英語の“cryptic”〔隠れた〕はこれを語源としている）、それを目に見えるものに**するために**秘密（アポクリュフォス――英語の“apocryphal”〔真偽の疑わしい・外典的な〕はこれを語源としている）にされていると宣言します。換言すれば、地上における神の支配のもつ隠された性格は、隠されていないものになるというより大きな目的を持っているのです。イエスは、神の支配の直接的な可視性や解読可能性にもとづいて、教会にそのミッションの価値を測定しないように奨めています。今のところ、教会は、他のすべての人々に隠されていて秘密であるものを、いつの日か、すべてのことがすべての人々の目に見えるものになることを確信して、自信をもって宣言し具体化しなければならないのです。「それは、説明ができないように見えるけれども、あなたがたにとって種を蒔き続けることが重要なのです」と、イエスは警告しています。

この箇所の少し前にイエスは、弟子たちへの賜物を神の支配の「ミステリー」（mystery, 11節）と説明しました―― NRSVは「ミステリー」がギリシア語（ミュステーリオン）を英語化したものであるにもかかわらず、この言葉を「シークレット」（secret）と翻訳しています。11節はマルコが「秘密（ミュステーリオン）」という語を彼の福音書の中で用いた唯一の用例です。同じく「隠されているもの（クリュプトス）〔隠れているもの〕」と「秘密（アポクリュフォス）〔秘められたもの〕」も、それぞれマルコに見られる唯一の用例です。類似した意味をもつこれらの三つの言葉がそれぞれ一度だけ登場する事象は、このテキストの重要性を示しています。

わたしたちがこの箇所で扱っているものが――のちにメシアの秘密と呼ばれるようになった――マルコ福音書のイエスの謎めいた行動を理解する鍵となります。つまりイエスは、彼の憐れみを受けた人々が彼についてすぐに無制限に告知するのを簡単に許そうとしませんでした。イエスのそのような態度を理解する鍵がここにあるのです。マルコは誰よりもいっそう鋭く、神の国が神の中に隠されている秘密であることを理解しています。それは与える神に属しているのであって、人間に属しているのではありません。マルコは、神の支配は神だけが明らかにし解読するべきものであり、人間のものではないことを、つまり神だけがご自身のタイミングでその秘密（ミステリー）を明らかにされる、ということを理解しています。わたしたちは神の支配の福音を宣べ伝えることができますが、いったんその宣教の言葉がわたしたちの唇を離れたら、それは種蒔く人の手を離れた種と同じようなものなのです。

弟子たちにとっての種蒔くことの意義（4:24－25）

今イエスは、弟子たちの中にあるもう一つの不安を取り上げます。それは、弟子たち自身にとっての福音宣教の意義についての懸念です。これは、神の見地から見て神の支配が宣教するに値する価値をもっているかどうかという問題ではなく、神の支配の宣教が本質的に宣教者にとって意義があるのかどうかという問題です。おそらくイエスがここで的を定めている問題は、次のようになるでしょう。「わたしたちは宣教活動の価値をそ

もっと知るには？

譬えについて――
ジェームス L. ベイリー、ライル D. ヴァンダー・ブルーク『新約聖書の文学様式案内』（James L. Bailey and Lyle D. Vander Broek, *Literary Forms in the New Testament: A Handbook* [Louisville, Ky.: Westminster John Knox Press, 1992], 105–14）、「たとえ」（中野実）『新共同訳 聖書事典』（395–96頁）、「たとえ、たとえ話」（廣石望）『聖書学用語辞典』（224-25頁）を見よ。

譬えのメッセージを理解できないことについて――
ロバート H. スタイン『イエスの譬え入門』（Robert H. Stein, *An Introduction to the Parables of Jesus* [Philadelphia: Westminster Press, 1981], 27–35）、「譬え」2（G. Schille）『旧約新約 聖書大事典』（728頁）を見よ。

パレスチナの農業について――
ポール J. アクティマイヤー編『ハーパー聖書辞典』（Paul J. Achtemeier, ed., *Harper's Bible Dictionary* [San Francisco: Harper & Row, 1985], 303–4）、「農業」（A. S. Kapelrud）『旧約新約 聖書大事典』（888–89頁）を見よ。

れ自体としては理解しています。しかしわたしたちにとってそれのもつ有用性とは何でしょうか」。

興味深いことに、今日の教会内の根本的な苦闘は、マルコの教会内の根本的な苦闘と本質的に異なってはいません。そしてマルコの教会内の根本的な苦闘は、イエスの弟子たちの根本的な苦闘と本質的に異なっていませんでした。

教会の利己的関心に向かって、イエスは言います。「あなたたちに与えられたものを、それがまるで、売るか売らないかというあなたがたの決断を今必要とする商品であるかのように、取り違えないように用心しなさい。あなたがたは、なすべきどんな決断をもまったくもっていません」。この箇所でイエスは教会に対して、本来所有できないものを所有しようとすることに対して警告を発しているのです。彼は、キリスト教の宣教活動を、教会に対して決定力を持つダイナミックな現実であると特徴づけます。わたしたちが仕える者である限り、わたしたちはますます効果的に仕えるでしょう。わたしたちが差し控える限り、わたしたちは自分のもっている能力さえ失うのです。地上における神の国の知らせは、貯蔵しておくことのできない種です。それは蒔かれなければなりません。

イエスは、教会が、キリスト教的アイデンティティに関するこのダイナミックな特質について知ることを望んでいます。ただ福音の種を蒔くことによって、わたしたちは、自分が何者であるかを知り、そして種を蒔き続けることによって自分が何者であるかについてさらに多くを知るのです。イエスは注意深く受動形の動詞を使って、再度、この弟子たちの能力が自発的な能力ではなく、彼ら自身を超えた方によって与えられる（あるいは取り去られる！）能力であることを明確にしています。種を蒔く意志を維持する教会は、その能力を受けとります。その意志を放棄する教会は、その能力を取り去られるのです。これは神による報復的な行為と見なされるべきではありません。むしろ神の力、つまり「その生命を与える可能性を押さえることのできない力」（ウィリアムソン、現代聖書注解『マルコによる福音書』155頁参照）から生じる、当然のギブアンドテイクの現実と見なされるべきなのです。エクアドルで先住民アウカの人々に宣教し、彼らの槍によって生命を落とした宣教師ジム・エリオットの言葉によれば、「失われない〔永遠の〕ものを得るために、保持し続けられない〔一時の〕ものを与える者は、けっしてばか者ではない」（エリオット、p. 15）。

種を蒔く働きの自律性（4:26－29）

キリスト教の宣教活動について、さらに二つのより実際的な次元が、弟子たちのためにイエスによって明確化され、そして主張されなければなりません。それは、種を蒔いた後の種蒔く人の役割と、結果の予測性についてです。これらの結びの段落のどちらにおいても、イエスは、それぞれに「神の国」という表現を使いながら、それが彼の主題であることを明確にしています。キリストにおける神の国が、神にとって究極的な価値をもち、教会にとって重要な意義をもつことを主張した後、イエスは、実際的な保証を与える二つの譬えを示しています。

ユーモアのセンスを発揮して、イエスは弟子たちに、彼らが蒔くものを成長させてくださる方がきわめて能力に富んだ方であるので、弟子たちが大地に福音の種を蒔いた後すべきことは、就寝する以外にないことを想起させるのです。「あなたが眠っている間に、福音は成長する。そしてあなたは決してそれを理解しないだろう」と、イエスは茶目っ気のある表情で語ります。計算するのをやめなさい。構想や戦略のことについて心配するのをやめなさい。結果をむさぼるのをやめなさい。あなたが持っているものを蒔きなさい、そして床につきなさい。

自分の主張をよく理解させるために、イエスは、成長のプロセスの自動性を——実際に、わたしたちの英語の「自動的な"automatic"」の語源となっている言葉を使って——強調しています。彼は、そのプロセスには労力を要さないと説明します。「土はひとりでに［アウトマトス］実を結ばせる」。あなたが眠っている間に——あなたの力をまったく借りずに——神の国の種は芽を出し、成長して実を結ぶのです。あなたは種を蒔くことに気を配りなさい、成長については神が引き受けてくださいます。福音が蒔かれて、そして神の手にまかされる時、その生命への力は制することができないのです。

種蒔くことの未完結性（4:30－32）

この講義におけるイエスの最後の言葉は、宣教活動について認知されるすべての失敗に関する後悔と罪悪感を払拭するために語られています。実際イエスは、後悔や罪悪感の存在は、教会が教会中心になっていることを示す、と強く主張しているのです。後悔がほんの少しでもあれば、それは自己依存を示す指標です。

ここでイエスは、この箇所をうまく要約して、次のように諭しています。福音を宣教する活動の価値を理解し、その宣教活動を完全に神の手に委ねる教会は、自分の手に余る事柄について案ずることのない教会になるであろう、と。この教会はたとえそれがどんな種であろうと、今のところ持っている種を喜んで蒔くべきです。それがたとえ、肉眼にはほとんど見えない種であったとしてもです。この教会は、結果に取りつかれるのではなく、神の主権の中にぐっすりと休むのです。たとえ間違いがなされても、たとえ時に怠慢が忍び込むことがあっても、たとえ与えられたものが不十分であっても、この教会は、新たに目覚め、翼を駆って舞い上がり、少しでも多くのものを蒔くために高く飛ぶのです。

イエスは、わたしたちが大いなる他者の僕であり、完全に大いなる他者に所属する秘密（ミステリー）に仕える者である、と力強く語っています。この大いなる他者はこの地上を治めることについて極めて有能であるので、教会によって無頓着に蒔かれた最小で最もささいな希望の言葉でさえ、成長させられて生い繁り、多くの人のための福音の木陰という広々とした避け所となるのです。

イエスは教会に、その謙虚な地位を維持し、今教会が蒔くためにもっている福音の中から何であれ惜しまずに蒔き、そして神秘的（ミステリアスリィ）に与えられたその種が、今やただしくその大いなる与え主に返却されたということを完全に確信しつつ、その労苦を終えて休むように注意するのです。

? さらに深く考えるための問い

1. わたしたちはこの単元を、絶え間なく種を蒔き、結果を神だけのものにせよと語る、信仰者に対する勧告として要約できるかもしれません。わたしたちは、自分たちの生活において、あまりにも容易に「結果を意識する者」になってしまうのです。なぜそうなのでしょうか。この箇所の言葉は、その問いに答えるための助けとしてどんな選択肢を提供していますか。
2. 植物の植えつけや種蒔きに関するこれらの物語は、わたしたちの現代には失われているかもしれない重要な危機の場面を描いています。再度、それらを読んでみてください。物語の一つでは、投資の4分の3は、種蒔く人には完全に制御不能な要因のために失われます。もう一つの物語は、種が「彼の知らない仕方で」成長し、「土はひとりでに実を結ばせる」ことを認めています。今日、制御不能に見え、危険をもたらす状況はどのような状況ですか。これらの譬えはすべての危険な状況に向かって語っているのでしょうか。それとも、教会の宣教活動に向かってのみ語っているのでしょうか。
3. この箇所は、譬えを語るイエスの目的について何と言っているでしょうか。この箇所についてのあなたの理解は、どのようなものですか。
4. 用語索引（コンコーダンス）を使って、「陰」や「木陰」という言葉を引き、それらの言及箇所を調べてください。聖書における陰のイメージは、どのようなものですか。それらのイメージは、30－32節に関するあなたの理解にどのような影響を与えますか。

4

マルコによる福音書 4章35節－5章43節

秘密(ミステリー)が静める

レンブラント・ハルメンス・ファン・レイン
「ガリラヤ湖の嵐」

イエスは、弟子のあり方についての嵐のように波乱に富んだ講話（4:1–34）からまっすぐに、もう一つの嵐の中へ、そして教会が最も愛している物語の一つ〔4:35–41〕へと航海を進めます。わたしたちはこの物語を教会のシンボル——つまり、十字架を帆柱(マスト)として、人生の強風の中を進む船——として用いることがあります。

マルコは、これが単にガリラヤ湖でよく起こる午後の局地的暴風雨(スコール)ではなく、教会を水の底に沈めてしまいかねない地獄からの突風であることを明確にしています。マルコが描く場面は、レンブラント・ファン・レインによってその作品「ガリラヤ湖の嵐」の中に力強くとらえられており、何世紀にもわたってキリスト教共同体に襲いかかってきた強大な挑戦を象徴的に表現しています。マルコの物語においてすでに、弟子たちは自分たちを召す召命の声をはっきりと聞きました。今や彼らは、地獄の門が彼らに打ち勝つことができないことを、知らなくてはなりません。

わたしたちは今まさに、イエスの力の性質を吟味しようとしています。次の50節の間にわたしたちは、神の子と共に、真っ直ぐに人間存在に内在する4つの嵐の目の中に入って行くことになります。ここに至るまで、わたしたちは、多くの奇跡に遭遇しました。それらには、痙攣を起こさせる霊の追放(1:21−28)、重い皮膚病の癒し（1:40−45)、中風の人の癒し（2:1−12）と先天的に片手の萎えた人の回復（3:1−6）が含まれています。しかしながら、この時点まで、イエスの奇跡的行為はただ彼が何者であるのかについてわたしたちの好奇心をかきたててきただけです。ここまでになされた力強い業は、イエスの人格に向かう道の脇に置かれた余興のようなものだったのです。

今や、湖上の嵐から始めて、マルコは、イエスの奇跡的な力を舞台脇から舞台中央へと移動させます。もはや間接的にわたしたちのイエスに対する好奇心を刺激することに興味を持っているのではなく、マルコは、イエスの絶対的な力によって教会に目のくらむような驚嘆を与えたいと願っているのです――つまりマルコは、わたしたちが、息もつけないほどになり、畏敬の念に打たれて、なんの弁解もせずに弟子として勇気をもって前進することを願っているのです。

これらの物語によって、マルコは、イエスの力を、彼の洗礼の際に明らかにされた神の愛する子というアイデンティティの一点に集中して描くのです。もはや啓示を示す手段ではなく、4章におけるイエスの行為が、それ自体においてまた自ずから結果となっている、すなわち啓示そのものになっているのです。この息をもつかせぬスリルに満ちた物語において、イエスが何者であるかは、イエスが行われることによってのみ完全に把握することができるのです。この物語が完結する時、イエスの奇跡を行う力は、古代世界の他のすべての異能者の日常的な呪術行為とは際だった違いを見せることになります。

湖の深淵の力がわたしたちの舟の舟べりを打ち叩く時、わたしたちはガリラヤ湖上でイエスの人格の深みへと出航します。わたしたちはガリラヤ湖の東岸に、つまりゲラサの薄気味悪い地方に向けて進みます。そこでは悪に汚された一つの魂が、わたしたちの信仰めがけて突進してくるのです。その後、わたしたちは西岸に戻ることを強いられます。そこでは、路上生活を余儀なくされるようになった一人の女がわたしたちに忍び寄って来ます。最後に、12歳の子どもの死が、わたしたちの弟子としての最後の息の根を止めるような脅威となって迫ってきます。わたしたちは奇跡的に生き延びます。そしてわたしたちはイエスを、混沌（カオス）を支配する主であり、安息日の静けさを具体的に生きている存在として知らされることになります。

マルコは、これらの力強い奇跡行為に累積的なインパクトを与えるために、これらを並置しています。彼はこれらを教会の想像力の中にまとめて詰め込みます。それらは、創造物が創造者のもつ再秩序化の力に打ち勝つほど強大ないかなる混沌（カオス）をも宿してはいない、ということを示す比類のない証言なのです。それは世の初めにそうであったように、今は、教会についても言えることです。わたしたちの生活の無定形さと空虚さ、水の狂気と悪魔的な疎外は、神にとっては、創造に用いる粘土なのです。

これらの事件において、マルコは、生命のもろさを強調し、わたしたちに人間存在の浮き沈みに思いを巡らすようにうながします——自然の災厄、人の姿をした悪、心の病、慢性の身体上の機能障害、社会的追放、早過ぎる死、未来の喪失。マルコは、問いをもって迫ってきます。あなたはすでに確信をもっていますか。死も、生命も、天使も、支配者も、今あるものも、来るべきものも、力も、高さも、深さも、そして創造物を脅かす他のどんな混沌（カオス）も、神からあなたを引き離すことはできない、と。それとも、あなたは依然として信仰を持っていないのですか。

混沌（カオス）からの4つの壮大な創造の行為によって、マルコは、教会に安心をもたらします。その安心は、わたしたちの弟子としての信頼を回復させます。教会における危機と好機の時代に、わたしたちは、自分自身がこちら側の平安の岸にいるのを繰り返し見いだすことができるのです。

嵐を静める（4:35－41）

マルコにとって、混沌（カオス）に対するイエスの支配を伝えるためには、水から始める以上に効果的な方法はありませんでした。初期の教会は、ヘブライ的宇宙観の相続者でした。それによると、創造者である主なる神は、混沌（カオス）の水が秩序だった創造の乾いた地に入りこむことがないように、絶えず戦っておられました。水は、古代人にとって底知れない神秘をもっていました。それは強力で、不可知で、そしてまったく予測不能なものでした。こういう訳で、ガリラヤ湖の風と波を静める物語は、イエスの主権をあらわす範例的な意味を持っているのです。「イエスが嵐を静めたということは、イエス・キリストは主であること、彼は自然ならびに歴史の支配者であること、弟子たちの不安の中で彼らと共にいてくださる方であることを、迫害と苦難のあらゆる時代において、教会に繰り返し保証しつづける」（ウィリアムソン、現代聖書注解『マルコによる福音書』172頁）のです。

古代世界において混沌（カオス）が人間存在に侵入する時はいつでも、それはヘブライ人にとって、創造において神がふるった畏怖の念を起こさせる原始の力を想起させるものでした。

御言葉によって天は造られ／主の口の息吹によって天の万象は造られた。
主は大海の水をせき止め／深淵の水を倉に納められた。
全地は主を畏れ／世界に住むものは皆、主におののく。
主が仰せになると、そのように成り／主が命じられると、そのように立つ。（詩編 33:6–9）

実際イザヤは、創造物を支配する主としての神の力量は、混沌（カオス）を支配する神の力によって測ることができる、と主張しています。

神である方、天を創造し、地を形づくり／造り上げて、固く据えられた方／混沌として創造されたのではなく／人の住む所として形づくられた方／主は、こう言われる。わたしが主、ほかにはいない。（イザヤ書 45:18）

人間の生における混乱は、特にそれがイスラエルの契約的関係という織物を引き裂く時には、イスラエルの最も力強い祈りの機会となったのです。これらの契約的関係が動揺する時に、イスラエルは自分自身を風と水によって翻弄（ほんろう）されたものとして描きました。

神よ、わたしを救ってください。大水が喉元に達しました。
わたしは深い泥沼にはまり込み／足がかりもありません。
大水の深い底にまで沈み／奔流がわたしを押し流します。
叫び続けて疲れ、喉は涸れ／わたしの神を待ち望むあまり／目は衰えてしまいました。……
神よ、豊かな慈しみのゆえに／わたしに答えて確かな救いをお与えください。

> 泥沼にはまり込んだままにならないように／わたしを助け出してください。
> わたしを憎む者から／大水の深い底から助け出してください。
> 奔流がわたしを押し流すことのないように／深い沼がわたしをひと呑みにしないように／井戸がわたしの上に口を閉ざさないように。　（詩編 69:2-4、14-16）

人々のお気に入りのこの嵐静めの物語のもつ力を把握するために、わたしたちは使い古した解釈を捨てて、この物語の三つの中心的な事実を再考しなくてはなりません。つまり（1）嵐、（2）イエスの眠り、（3）イエスと弟子たちのやりとり、です。

第一に、わたしたちは、嵐について再考してみましょう。教会はこの物語を、ガリラヤ湖上の突発的ではあるものの通常の気象現象として読み、イエスを、風がおさまる時を知るがゆえに、満足げに眠っている全知の気象学者であるかのように見なすという、まことしやかな解釈をする誘惑にかられてきました。しかしながらマルコは、この物語が天候についての物語ではない、ということを示す手がかりをわたしたちに与えているのです。ヨブへの神の応答によって有名になった言葉を使用することによって、マルコは、より大きな神学的目的が存在することを明らかにします。ヨブ記38章1節と40章6節において、神は最後に「嵐」の中からヨブに応えます。この「嵐」を意味するヘブライ語には、ある種のどう猛な宇宙的騒乱という訳語がぴったりと当てはまります。ギリシア語訳旧約聖書（七十人訳聖書）のまさにこの言葉を、マルコは、ガリラヤ湖を騒乱に陥れる大風を描写するのに選んでいるのです。さらに、彼はあえて形容詞を使ってその規模を拡大しています。つまり、これは巨大な旋風なのです。

すぐにわたしたちは、これが風と水以上のものについて語っていることを知ります。これはすさまじい原始的な悪の爆発です。そしてわたしたちはそのど真ん中にいるのです。マルコは、わたしたちがその力を小さく見積もることを許さないでしょう。彼は、イエスと彼の弟子たちにとっての具体的な脅威を、わたしたちが回避することを許さないでしょう。生き生きとした語りによって、彼は、わたしたちをその運命の舟の中に拘束します。「激しい突風が起こり、舟は波をかぶって、水浸しになるほどであった」(マルコ 4:37)。

第二に、わたしたちはイエスが眠っていることについて再考しなくてはなりません。この短い物語の他のいかなる点におけるよりもこの点において、教会はテキストを平板なつまらないものにしてしまう傾向があります。わたしたちがそれを平板なつまらないものにするのは、わたしたちの危機の最中に眠っている主イエスという図全体が、わたしたちの想像力で処理できないからです。わたしたちは、イエスが眠っているという単純な事実を処理する準備ができていないのです。わたしたちはこのように疲れておられるイエスを見下そうとするか(「このような時に疲労に屈服しておられるのは、どんな主なのでしょうか」)あるいは、わたしたちは、彼がわたしたちの信仰をオモチャにしたと彼を厳しく非難します(「わたしたちがこれほど無力で危険な状態にある時に、わたしたちを試みまたからかうとは、どんな主なのでしょうか」)。しかしながら、どちらの読みも、物語の要点をのがし、その力を破壊してしまいます。

イエスが眠っていることについての唯一の適切な説明は、彼が前途に死が見通される時もまったく恐れをもたないということです。イエスがこのような時に眠ることができるのは、彼が死に対する不安に苦しまないからです。イエスが、波と風に逆らって進み、水浸しになった、悲しい運命をたどる漁船の艫(とも)

（船尾）で眠ることができるのは、彼が信仰に生きるユダヤ人――過去において自分の主であったお方に自分の未来を完全に委ねる者――の眠りを眠っているからです。「身を横たえて眠り／わたしはまた、目覚めます。主が支えていてくださいます。いかに多くの民に包囲されても／決して恐れません」（詩編 3:6−7)。神の子イエスは、疲れ果てて眠っているのでも、無頓着に眠っているのでも、自然を凌駕する彼の力に関する尊大な推測の中に眠っているのでもありません。彼は、その舟のすべての人々の存在が、死においてさえ契約に忠実であるイスラエルの神の手中に安全に包まれている、という契約的信頼の中で眠っているのです。

第三に、わたしたちはイエスと弟子たちについて再考しなくてはなりません。第一にその嵐が真に人の命を奪うほど激しいものであり、第二にイエスが死に向かうただ中で信頼して眠っていることを理解したなら、わたしたちは、イエスと弟子たちのやりとりを新たに評価しなくてはなりません。激しい嵐がどこからともなく起こって、弟子たちはその嵐にしっかりと捕らえられています。マルコは誇張しているのではありません。弟子たちは深淵の中に呑み込まれそうになっています。そして彼らは、それを知っています。彼らの叫び声は、「闘争か逃走か」反応〔“fight or flight” reflex：動物が恐怖に直面した時、自身に闘うか逃げるかを迫る反応〕から出てくるパニックに陥った者の叫びなのです。「先生、わたしたちがおぼれてもかまわないのですか」。

イエスは目を覚まして、混沌（カオス）に対する権威を行使して、その混沌（カオス）に向かって、大きな声で吠えて言うことを聞こうとしない犬に対するように、命じます。「黙れ。静まれ」。イエスはまったく慈愛を示しません。「座れ。そして黙りなさい」。それからイエスは弟子たちの方に向き直って、鋭い二重の問いを発します。わたしたちはその問いを正しく理解しなければなりません。「なぜ怖がるのか。まだ信じないのか」。これは恐れ（イエスは恐れを意味するふつうの語彙を使うのを避けています）についての質問ではありません。これは信頼についての質問です。イエスは、皮肉を言っているのでも、見下すように語っているのでもありません。彼は純粋に、このような重大な瞬間に、弟子たちが神を信頼することができないことについて心配しているのです。

皮肉にもマルコは、嵐を静めるイエスの行為と言葉に反応してすべてが静まった後のまさにこの時点で、弟子たちの中に恐れ（ギリシア語はフォボス）が入ったと語ります。確かに、弟子たちは混沌（カオス）との遭遇のただ中で怯（おび）えています。しかしマルコは、極めて手抜かりなく、弟子たちが大いなる恐怖にとらえられるのは、彼らがイエスと真に遭遇した時だと記します。イエスは死を恐れずに眠ることができるだけではなく、弟子たちも同じように眠ることを期待していたのです。

「嵐に対する言葉は、われわれにとって、つむじ風からの声となる」――ウィリアムソン、現代聖書注解『マルコによる福音書』173 頁

その瞬間、混沌（カオス）でさえ、イエスの人格のもつ力と比べると、穏やかに見えます。弟子たちは、この驚くべき啓示を認識するすべての能力を欠いています。そして彼らは、恐怖にかられて逃げようとするのです。「わたしたちの傍にいる、舟に乗っているこの人は誰ですか。混沌（カオス）は誰に屈服して、お辞儀をしているのですか。『大水はあなたを見た。神よ、大水はあなたを見て、身もだえし／深淵はおののいた』（詩編 77:17）」。「わたしの神よ。わたしたちはどのような過ちを犯したのでしょうか」。

過去と現在と未来を静めること（5:1－43）

わたしたちは今、このイエスの権威が人間の生にあらわれる、三つの具体的な事例に目を向けたいと思います。これらの三つの奇跡はそれぞれ、時間と関係づけて考えることのできる人間経験の一側面を取り扱っています。悪霊に憑かれたゲラサの男に出会う時、イエスは、過去という混沌（カオス）を静めます。触れてはならない女性の慢性の病に出会う時、イエスは、現在という混沌（カオス）を静め、そしてヤイロの娘の死に出会う時、イエスは、未来という混沌（カオス）を静めるのです。人間の存在のすべての領域において、イエスは、混乱を支配します。

> 「[この物語は］この広大な世界の創造者、つまり『ビッグバン』の背後にいる力ある方は、宇宙のねじを巻き上げて、それ自身で動くようにしてから、それを放置した時計職人として理解されるのではなく、世界に関与し、そして世界と相互に作用する存在として理解されるべきだと主張しています」
> ――ヘア『マルコによる福音書』（Hare, *Mark*, Westminster Bible Companion, 62）。

過去を静める（5:1–20）

墓場に住む男とのこの出会いは、悪を描いた恐ろしい場面です。この物語が教会において、時々、ユーモアの対象となっているのは奇妙なことです。この箇所でわたしたちが目にしているものは、ユーモラスどころではありません。そして、次のように問われなければなりません。つまりわたしたちは、悪を告発する能力（責任）を失ってしまった（棄ててしまった）のか否かという問いです。

これは、わたしたちの想像力を占拠する多くのものを持っている豊かな物語です。しかしながら、わたしたちが第一に興味を持つのは、わたしたちの過去という混沌（カオス）が現在の人間存在に絶えずつきまとう事態を制圧する、イエスの主権に関するマルコの証言に取り組むということです。それゆえわたしたちの解釈のエネルギーを二つの領域、つまり悪霊に憑かれた人の陥っている困難の性質と、周囲の人たちの反応のもつ性質という、二つの領域に集中させましょう。

わたしたちが湖のこちら側のこの地で終わりを迎えた航海が、わたしたちがちょうど風と水に対するイエスの信じ難い力を経験したあの航海であることを忘れないでください。このような航海は、6～7マイルをカバーして、〔日の出から日没までの〕昼間の一日を要したでしょう。湖上でわたしたちを満たした大きな恐怖は、わたしたちが東岸の異邦人の地に舟を引き上げる時も、まだわたしたちの中に残っています。

イエスの足が岸辺の砂に触れるやいなや、墓場から一人の男がわめき散らしながら近寄って来て、彼に言葉をかけます。わたしたちが置かれた状況のもつ恐ろしさは、すぐに見えてきます。わたしたちはマルコ福音書の中で初めて異邦人の領域に上陸しただけではなく、異邦人の死者たちが埋葬されている墓場のただ中に上陸したのです――そして彼らの中の生きている死者の一人がわたしたちを攻撃しようとしているのです。それは、正常な精神をもったユダヤ人を見いだすことができないという、ぞっとするような状況です。古代イスラエル人は異邦人の地を侮蔑の念をもって見ました。「これから入って所有する地は、その地の住民の汚れによって汚された地である。そこは、その端から端まで彼らの忌まわしい行いによって汚れに満たされている」（エズラ記 9:11）と主が教えられたように。さらに古代イスラエル人は、人間の死体あるいは人間の墓との接触を禁じる永続的な法規をもっていました。この法規は、ユダヤ人の間で居住している異邦人をも対象として含み、7日間の汚れの後に詳細にわたる清めの儀式が伴っていました（民数記 19:10b

−22を見よ）。

マルコは、この場面のもつ怪奇的な性質を和らげていません。実際、彼は、わざわざこの場面を恐怖の色に塗り上げているように見えます。この惨めなゲラサ人は、不浄者の中の不浄者になってしまいました。彼は、不浄なものが腐敗、分解していくところに生きています。彼はきわめて凶暴で、その地域中の鉄の足かせや鎖――および鉄のように強靭な意志――を粉砕することができるのです。彼は、恐水病にかかった狂暴な狼のように、日夜、思いのままにうろつき回り、自分の体に噛みつき、自分の苦悩をわめき立てているのです。彼は、痛ましい存在です。読者は、聖書正典全体の中でこれ以上に戦慄を覚える場面を見いだすのは難しいでしょう。

マルコは、イエスにこの禁じられた領域を横断する特別な理由があったのかどうかについては教えてはくれませんが、注意深く読むと、この唐突で予期せぬ出会いにおいてさえ、イエスが悪を支配するという彼のより大きな目的に忠実であることが明らかになります。8節においてわたしたちが知ることは、イエスは「遠くから」この凝縮した悪を識別するやいなや、自分が主導権をとり、最初に言葉をかけ、そして悪霊が返答するまで語り続けているということです。イエスの命令の調子は、風と水に対してそうであったのに劣らず、ゲラサ人の心の旋風に対しても攻撃的です。「汚れた霊よ、この人から出ていけ。出ていけ。汚れた者よ、消えうせろ。おまえに命じる。黙れ、静まれ、行ってしまえ」。

> 「イエスが癒すことのできない人間の病気などは、いついかなる場合にも存在しない」――ウィリアムソン、現代聖書注解『マルコによる福音書』175頁

さらに注意深く読んでみると、その恐ろしい状態が明らかになってきます。悪は完全にゲラサ人の自己に一体化していま

す。彼はもはや自分の個性をもった人間ではありません。彼は別の何者かに支配されています。彼のアイデンティティのあらゆる輪郭は、悪によって占拠されているのです。この哀れな男は、悪の生息する単なる外皮にすぎません。この外皮――この怪物――が走り寄り、お辞儀をし、叫び、そして懇願する時、読者は混乱して、人間から悪霊へとまた悪霊から人間へと右往左往し、どちらがどちらであるのか分からなくなってしまいます。イエスがその名前を聞きただす時、マルコはこの恐怖をクライマックスに導きます。わたしたちは、悪霊が、文の途中で、「わたしの名はレギオン。わたしたちは大勢だから」と単数から複数形へと数を増す時、言葉を失います。マルコは、この悪夢のような出会いの中に、教会がいることを望んでいます。イエスが経験したように、面と向かって悪を経験する教会を必要としています。マルコは、教会が、悪の内面的な特徴と本質的な性格、つまり「多数であること、無秩序、暴力」（ウィリアムソン、現代聖書注解『マルコによる福音書』177 頁）に関わっていることを望んでいます。

この悪霊追放の物語はよく知られていて、広くパロディー化されて語られます。おおかた、教会は次のような質問に悩まされてきました。イエスはなぜレギオンに慈悲を示して、彼らに彼らの欲するもの（許可）を与えているのですか。イエスは2000 匹の豚のことは心配ではないのですか。また養豚業者のことは。あるいはその地域の主要な経済のことは。ここではウィリアムソンの洞察（現代聖書注解『マルコによる福音書』174 頁）を見れば十分です。「イエスは［悪霊どもの］要望に応ずるが、そうすることによって、実際には悪霊どもを彼らの場所、つまり太初の底知れぬ深いふち、海の深みに戻す……イエスは彼らの提案を受け入れるが、彼らの目的を打ち砕く。イエスの権威が勝っているのである」。この場面はすべてのことを語ります。豚は、豚の上にかさなり、ころげ回るように疾走し、悲痛な叫び声を上げながら、ガリラヤ湖の泥水の中で窒息死していきます。そして、昔のように、汚れた霊にとりつかれた人はわれに返ります。

今わたしたちは、近隣の人々にとってその日がどのような日であったのかを考えてみましょう。マルコが事件を中継しているように、養豚業者は現場から逃げさり、そしてすべてのことを伝えます。近隣の人々は静まりかえった墓地に集まり、弟子たちが静まりかえった湖で覚えたのと同じ感情、つまり恐怖（フォボス）を経験します。弟子たちの場合と同じく、外側の静けさは必ずしも内側の静けさを生じさせるものではありません。恐怖が近隣にみなぎります。そして人々はイエスに、立ち去ってくれるよう懇願するのです。イエスは、彼らの希望通りにします。しかしこの場面が閉じる前に、マルコは18－19節で、絶対的な回心の描写によってわたしたちの心を動かします。邪悪なレギオンは弟子に変えられ、制御できない分裂的な人格が使徒に作り変えられ、自傷しながら吠え叫ぶ獣がイエス・キリストにおいて実現しつつある地上の神の国の宣教者――つまりマルコ福音書における最初の異邦人宣教者――に作り変えられたのです。わたしたちは、癒された男が同じ舟に乗って彼の英雄のそばにいたいと懇願するのを耳にする時、涙を流すのです。

この場面において、マルコは、わたしたちの過去という混沌（カオス）を静めるイエスの力を巧みに描いています。この場面の（イエス以外の）すべての人が、状況が現状のままであることを願います。現状維持が打ち破られることを望む者は誰もいません。ゲラサ人の周囲の人々は、「社会によく適応した」システムの中に呑み込まれてしまっています。そのシステムにおいてこそ、悪の力は都合よく善の力を無にすることができるのです。村の調和は、個人の苦痛に依存しています。シャロームはもはやすべての人々を含まず、特権的な人々の現実へと縮小されています。

イエスは、この共依存状態の中に下船して、そしてそれを永久に崩壊させます。彼は、神が個人と村を同様に治めること、他者ぬきの一人のシャロームという現実が存在しないことを明らかにします。混乱の度合いがいかなるものであれ、村人も村もいずれも、今までのあり方に拘束される必要はありません。「これが今までのあり方です」は、至高の神の子が理解している自由ではありません。

現在を静める（5:25-34）

マルコはわたしたちをガリラヤ湖の反対側の岸に連れもどします。それはさらに、混沌の嵐の中を漂流している二人の人間との出会いにわたしたちを導くためです。マルコはわたしたちの未来についての質問から始めます。それは死に瀕しているヤイロの幼い娘のかたちで表現されています。この難局の緊急性は、待ったなしです。イエスがなすべきことのすべては、少女の上に手を置くことです。そうすれば、彼女は生きるでしょう。イエスがなすべきすべては、急いで、そこに行くことです。それはそれほど単純なことなのです。「どうか、おいでになって手を置いてやってください。そうすれば、娘は助かり、生きるでしょう」（23節）。

> 「力があるにもかかわらずイエスは、治癒あるいは治癒者を愛するよりもその治癒の代価を恐れる人々に対して、あえて自分を押しつけようとはしない」――ウィリアムソン、現代聖書注解『マルコによる福音書』178頁

しかし違うのです。イエスにとって、取り扱わなくてはならない混沌は手元にある混沌なのです。ヤイロの未来を救うために急いでいるイエスをその道行きからそらすためには、一人の

苦しんでいる人が今イエスに触れている、そのことだけで十分でした。意志をもって癒しを提供しようとするイエスの努力の中で、癒しが、彼の意志を離れて与えられることさえあります。マルコは、混沌(カオス)を優越するイエスの支配を、豊かで人々の手の届くものとして描いています。

わたしたちが、イエスの力が意図せずに出て行き、しかもイエスがそれを知覚しているというこのユニークな記事を読みます。すると、わたしたちは、その力をわたしたちがどうすれば受け取れるのかに関する躓きを問題にしなくてはならなくなります。大群衆がイエスと彼の弟子たちに押し迫っている時、その中に絶望のゆえにイエスに近づくための長い列に加わっている者がいます。皮肉にも、この人物は、この文化の物の見方からすれば、触れてはならない存在です。彼女は女性です。彼女は無名の女性です。彼女は出血している、無名の女性です。彼女は悪評の高い、出血している、無名の女性です。彼女は破産した、悪評の高い、出血している、無名の女性です。彼女は、外部からまた内部から軽んじられているために、自分を救ってくれる人に対してさえ顔を上げることができず、後ろから忍び寄らなくてはなりません。わたしたちは、彼女が見捨てられた人間であることを確信できます。わたしたちは、彼女が自分が見捨てられた人間であることを、知っていると確信できます。わたしたちは、彼女が知っていることを、社会が確認していると確信できます。わたしたちは、この人間存在の価値が、彼女の現在の大きな不幸によって完全に限界づけられていることを確信できます。新しさに向かうすべての可能性は、彼女の身体の混沌(カオス)をめぐる道徳の竜巻の中に呑み込まれていきます。

ただし、一つだけ可能性があります。「着物にさわることでもできれば、きっと治る」(28節)。これが最後の決意でした。おそらく彼女は、イエスの噂を聞いたのでしょう。ちょうどわたしたちが、不信感と懐疑心と軽べつをもって、テレビに出てくる治療師（ヒーラー）について聞くのと同じように。それにもかかわらず、彼女は聞いたのでした。それで、痛み以外は何も失うものはありません。そして彼女は、自分が聞いたことにすがるのです。彼女は信じているのです。

すぐに、彼女は癒されます。同時に、彼女もイエスも、癒しのエネルギーを認識します。マルコが言うように、この女性は、彼女の新しい健康の永続性を認識し、イエスは、自分の近くの誰かが秩序を回復させる彼の力を受け取ったことを認識します。イエスが振り返って、執拗に尋ね始めます、「わたしの服に触れたのはだれか」(30節)。

イエスがこの癒しに気づいた瞬間が、彼が他のすべてのことを止めなければならない瞬間なのです。死にかかっている会堂長の娘の所へ行く旅さえ、止めなくてはならならないのです。マルコがこの出血の止まらない女の物語を、死に対するイエスの勝利を語る話の中に入れ子にしているのは少しも不思議でありません。計画外の癒しは、計画外のままにしておくべきではなく、すぐに全人的な救いの中にその完成を見いださなければなりません。それゆえイエスは、彼の力を受けた人を探します。細部にわたる劇的な描写によって、マルコは、イエスと彼の弟子たち（彼らは何も新しいものに気づいていない）の間の断絶を明らかにし、そして同時に、イエスの目が群衆を見回しながら、再－創造が起こった証拠を探す姿を描きます。

> 「イエスの偉大さは、他の人々を助ける代価を支払う覚悟をしておられたことであった。また、その代価は、イエスの生命が出て行くことであった」――バークレー『マルコ福音書』161頁

この四つの物語を含んだ部分において、イエスの人格の力を受けた人々の中に恐れの感情を引き起こすのは、これですでに三度目です。マルコは、女の癒しの永続性およびそれに関する

もっと知るには？

眠りについて――
L. ライケン、J. C. ウイロア、T. ロングマン3世編『聖書イメージ事典』(Leland Ryken, James C. Wilhoit, and Tremper Longman III, eds., *Dictionary of Biblical Imagery* [Downers Grove, Ill.: Inter-Varsity Press, 1998], 799–800)、「眠り」(山我哲雄、佐藤研)『旧約新約 聖書大事典』(875–76頁) を見よ。

知識の永続性(「自分の身に起こったことを知って」33節) の両方を強調する奇妙な文において、この女性が恐怖(フォボス)にかられて前に進み出て、ひれ伏し、そしてすべてをありのまま告白した、とわたしたちに語ります。これが、イエスの探していた人であり、彼は自分の発見を親愛の言葉で結びます。「娘よ、あなたの信仰があなたを救った。安心して行きなさい。もうその病気にかからず、元気に暮らしなさい」(34節)。告白に先だって、彼女は、ただ慢性の病を癒してもらっただけでした。今や、イエスの前に弱々しくひれ伏しつつ、存在が完全に秩序を回復し、全体性を取り戻すという可能性が自分のものであると言えるようになったのです。

この〔ユダヤ人にとっての〕不可触の女性は、存在を静めるということを示す具体例です。その存在の混沌(カオス)は、神の創造の力によって支配されたのです。そのイエスの足下で、沈黙している弟子たちを前にして、彼女は真理に満たされて礼拝します。恵みに満ちた彼女の現実をあらわす三つの異なるキーワードを使って、イエスは、完全な新しい創造を強調します。つまり、救われていること、平安であること、健やかであることです。

未来を静める (5:35–43)

マルコ福音書に典型的なあわただしさとともに、使者たちが息を切らして到着します。彼らは、イエスにではなくヤイロに直接話しかけます。ヤイロはちょうど、一人の女性の混沌とした現在に対するイエスの勝利を目撃したところでした。使者たちの伝えるメッセージの現実性については何の疑いもありません。実際、彼らはそれについて率直すぎるほどです。「お嬢さんは亡くなりました。もう、先生を煩わすには及ばないでしょう」(35節)。深淵から湧き上がる太初の波のように、これらの言葉は、ヤイロの未来を洪水のように圧倒します。このような喪失を経験したすべての親が証言するように、ヤイロは、溺れて死にそうになっているのです。

イエスは、これらの混沌(カオス)の先触れをする者たちの言葉をそばで聞いていて、ヤイロの絶望に先手を打って言います。「恐れることはない。ただ信じなさい」(36節)。嵐に翻弄された弟子たちに、イエスははっきりと、「まだ信じないのか」と語りました。社会から見捨てられた女性に向かって、イエスは「あなたの信仰があなたを救った」と断言しました。そしてヤイロに向かって、太陽が彼の精神の暗い夜の闇に沈もうとする時、イエスは「ただ信じなさい」と命じます。マルコにとって、信仰は恐れと正反対のもの――そしてその解毒剤――なのです。人間の信仰と神の再–創造が、有機体的な全体を形成します。それぞれの一方はつねに、他方を必然的に伴います。

もっと知るには？

イエスと力について――

ダニエル L．ミグリオレ『神の力』(Daniel L. Migliore, *The Power of God* [Philadelphia: Westminster Press, 1983], 53–59)、「力」V 1,2（M. F. Lacan）『聖書思想事典』（583 頁）を見よ。

不可触民について――

G. A. バトリック編『インタープリターズ・ディクショナリィ・オブ・ザ・バイブル』(George Arthur Buttrick, ed., *The Interpreter's Dictionary of the Bible*, vol. A – D [Nashville: Abingdon Press, 1962], 641 – 48)、「地の民」（市川浩）『旧約新約 聖書大事典』（752 頁）、L. ショットロフ、W. シュテーゲマン『ナザレのイエス――貧しい者の希望』（大貫隆訳、日本キリスト教団出版局、1989、28-49 頁）、J. クロッサン『イエス――あるユダヤ人貧農の革命的生涯』（太田修司訳、新教出版社、1998、129-67 頁）を見よ。

この物語がクライマックスに達する時、わたしたちは、マルコが奇妙にもこの〔四つからなる〕物語群（ペリコペー）全体を眠りのモティーフによって囲い込んでいることを知ります。イエスはこの箇所の発端〔の湖上の物語〕では、死の縁で健やかに眠っていました。この結びの物語では、ヤイロの娘が死の縁で健やかに眠っています。これらの物語群のすべてのポイントで、イエスは、人類の未来を支配する死の力に挑戦しています。ここでの彼のやり方は、再度、躓きをもたらします。イエスは、少女の死の宣告にもとづいて雇われた泣き女に向かって、彼女らがその義務を遂行するのはまだ時期尚早であると語ります。「子供は死んだのではない。眠っているのだ」。

ここでわたしたちは、もし娘が本当に甦らされたとしたなら、彼女が実際に死んでいたのかどうか、また彼女がいつ死から甦らされたのか、を問います。一般的な解釈は、イエスが死を意味する婉曲表現を使っているのは強調のためであり、まもなくおとずれる復活に人々を備えさせているのであり、つまり少女は実際には死んでいるというものです。ウィリアムソン（現代聖書注解『マルコによる福音書』182頁）は、この読みについて異なった魅力的な解釈を提示しています。「テキストは、イエスのいるところでは、そして彼の権威のもとでは、死そのものすなわち現実の死も眠りにすぎないということを確言しようとしているのである」。

この箇所の物語の流れを重視する別の解釈は、以下のようなものです。イエスは39節で真実を語っている（少女は文字通り眠っている）、そして使者たちは35節で真実を語っている（少女はすでに死んでいる）、そして35節と39節の間のどこかで、少女の生命が神秘的（ミステリアスリィ）に回復させられた――そしてヤイロの未来が再－創造された。じらすような仕方で、マルコはわたしたちを問いの内に置き去りにします。これが、イエスがヤイロに向けた36節の圧倒的な命令が有する目的と力なのでしょうか。すなわち、こう命じておられるのでしょうか。「今、信じなさい。ヤイロよ、あなたの未来を今、世界の初めに混沌（カオス）から被造物を造り出した方の手に返しなさい。あなたの娘は、形のない虚空です、暗闇が彼女の顔を覆っています。しかし神からの風は、彼女の顔の上を吹き抜けることができます。信じなさい、ヤイロよ、そして今、あなたの子どもを起こしてあげなさい」と。

彼ら――と、そしてわたしたち――がイエスをひどく嘲笑っているのは、わたしたちが彼に当惑しているからです。そこで彼は聖域からわたしたちを外に出し、彼女の手を取り、彼女の父親の信頼が真実のものであることに応えて、少女の体をそっと押して目覚めさせ、そしてこの家庭を平凡なパレスチナの一日に戻します。

「黙れ。静まれ」

今やわたしたちは、わたしたちの存在を再秩序化するイエスの力を確信しています。もはやわたしたちには自分自身を、自分の過去によって牢獄に閉じこめられた者、あるいは他人の都合によって押しつけられた過去の犠牲者と考える必要はないのです。もはやわたしたちは、自分たちの現在の状況と圧力によって限界を定められる必要はありません。もはやわたしたちは、わたしたちの未来の永久の喪失を恐れる必要がありません。深淵の水が教会の船べりに覆いかぶさろうとしても、わたしたちは、わたしたちの叫び声が〔神に〕聞かれるという確信をもっています。今やわたしたちは、イエスの主権には「限界がない」（現代聖書注解『マルコによる福音書』181頁）

ことを確信しているのです。

?　さらに深く考えるための問い

1. 風と湖の物語は、力強い物語です。以下の箇所を確認してください。創世記1:2、出エジプト記14:21、詩編147:18、箴言30:4。これらの言及は、マルコ4:41の弟子たちの質問に、どんな答えを提供しますか。それをふまえると、イエスとは何者ですか。
2. マルコ5:1－20の物語は、興味深い物語です。特に、3節「この人は墓場を住まいとしており、もはやだれも、つなぎとめておくことはできなかった」には興味をひかれます。この節が、マルコ16:1－8を予示している、と主張する者もいます。これらの二つの箇所の類似点は何ですか。
3. この単元（ユニット）の著者は、イエスの力と「その発動に関する躓き」に言及しています。あなたはこの表現が何を意味すると思いますか。人が受けることのできるこのイエスの力とは、暗に何を意味していると思いますか。
4. この単元（ユニット）の物語の中で発見される、恐れと信頼の実例はどれですか。どんなものが、今日恐れをいだかせるものですか。人々はどんなものに信頼を寄せますか。これらの物語は、恐れる人たちにどのような励ましの言葉を提示していますか。

マルコによる福音書
8章22節－9章1節

秘密(ミステリー)が躓きを与える

わたしたちは、ヤイロの娘の枕許にイエスを残して彼のもとを離れました。たった今イエスは、彼女を死から目覚めさせたばかりなのです。イエスは、ヤイロとご自分の弟子たちに、子どもに食事をとらせるように命じていました。それはまるで、その瞬間地上には、甦った子どもが絶食状態を脱すること以上に必要なことがないかのようです。

ここから115節進んだところで、わたしたちは、ガリラヤ湖の北端において、イエスの宣教活動のクライマックスに自分たちが立ち合っているのを見いだします。わたしたちの間における彼の働きは、ほぼ完了しているのです。しばらくの間、イエスは彼の弟子たちとともにフィリポ・カイサリアに退きます。それは、弟子であることの真価を決定的に試すためでした。その後、イエスと弟子たちは共に、最後の時を過ごすためにエルサレムに突き進んでいくのです。

この箇所は長い間、マルコの物語全体の転回点ないし支点と見なされてきた箇所です。福音書のほぼ中央に位置しており、イエスの宣教活動の「権威の公然の表明……から……弟子たちに教えることへ」（ウィリアムソン、現代聖書注解『マルコによる福音書』22頁）の移行を示しているのです。この箇所は、ウィリアムソンが「弟子であること　イエスの道」とタイトルを付けたマルコの物語区分全体（8:22–10:52）の導入部となっています。この物語の要点を詳細に吟味する前に、イエスの宣教活動がヤイロの娘の蘇生以来たどってきた道筋に注意してみましょう。

ガリラヤ湖周辺におけるイエスの宣教活動は、以下の一連の出来事と出会いによって終結します。

・イエスは自らの故郷による拒絶を経験します（6:1–6）。
・イエスは、福音を宣教し悪霊を追放するために、所持品を何も持たせずに弟子たちを派遣します（6:7–13）。
・ヘロデは、洗礼者ヨハネを斬首し、それによってイエスは残されたただ一人の権威者となります（6:14–29）。
・イエスは弟子たちの近視眼的な見方を修正し、そして5000人の人たちに食事をさせます（6:30–44）。
・イエスは湖上を歩き、そしてガリラヤ湖で二度目の嵐を静めますが、弟子たちは混乱と無理解に陥っていきます（6:45–52）。
・イエスはゲネサレト近辺に戻り、そして多くの人々を癒します（6:53–56）。
・イエスは、ファリサイ派の人々の攻撃に対して自分がユダヤ人であることの本分を大切にしていると主張し、ユダヤ的信仰を再定義しますが、弟子たちは理解することができません（7:1–23）。
・イエスは、異邦人女性の娘から悪霊を追放し、彼女の忍耐力を称賛します（7:24–30）。
・イエスは、耳が聞こえず口がきけない異邦人男性を癒します（7:31–37）。
・イエスは、深い憐れみをもって自分について来た空腹の4000人の人々の姿を見て、彼らに食べ物を与えますが、後に弟子たちの無理解が度合いを増していることに当惑します（8:1–21）。

こうしてわたしたちは、ガリラヤ湖北岸にあるベトサイダの村にやって来ます。イエスと弟子たちの描写は逆説的です。つまりイエスが宣教活動をすればするほど、弟子たちはますます彼の活動を理解しなくなるのです。そして弟子たちがイエスの宣教活動を理解しなくなるにしたがって、イエスはいっそう落胆し、「あなたがたはまだ分からないのか、悟らないのか。心がかたくなになっているのか。目があっても見えないのか。耳があっても聞こえないのか。覚えていないのか」（8:14–21）と、驚くほど言葉を連ねます。

イエスが共同体を必要とすればするほど、イエスは自分が孤立し、一人きりで、誤解されていることを知るのです。以前に彼の〔活動を理解するはずの〕肉親の目と耳を失ってしまったので、イエスは、神の意志を渇望する人たちの中にこそ「家族」がいるという確信を得たのでした（3:31–35）。しかし宗教的な権威者たちが、イエスに罠を仕掛けるにしたがって、彼は、弟子たちの目と耳さえ閉じていることを認識します。このようにしてマルコは、イエスが弟子たちと共に展開する宣教活動において、真理が明らかにされる、その瞬間に向けてわたしたちを備えさせるのです。

どのようにわたしたちは見るべきだろうか（8:22–26）

神の子イエス・キリストによって召され、そして派遣されるということは何を意味しているでしょうか。彼の弟子であるということは何を意味しているのでしょうか。この問いが、マルコが教会に向けて福音書を書いている理由を示しています。答えは、即答できるものでも、易しいものでもありません。

この物語がクライマックスに向かって展開するにつれて、マルコは巧みに、イエスについて拡大していく弟子たちの混乱の中にわたしたちを引き込みます。彼は、読者としてのわたしたちが、弟子たちの心のかたくなさを批判するのを容易にします。しかしわたしたちはそれに気づく前に、自分自身も彼らを当惑させた同じ逆説に直面します。つまりイエスを知ることができるのは、彼に従った時のみだ、ということです。福音書において群衆がイエスを知ることがないのは、このようなわけなのです。彼自身の弟子たちがイエスを誤解するのも、このようなわけだからです。そしてイエスが今日の教会によって誤解されているのも、このような理由によります。イエスに従う時のみ、彼を知ることができます。従うという行為には、それ自身の中に教育を含んでいるのです。

イエスに従う前に彼を理解することを要求する者は誰でも、不可能な条件によって自分自身を見えず聞こえずという状態にしてしまうのです。これが群衆の行動であり、弟子たちについても、ますます見られる行動です。彼らはイエスの弟子であることの代価を考えに入れないで、イエスの同伴者としての祝福を望みます。彼らは見ることを望みますが、しかし本当に見きわめることを望んではいません。彼らは聞くことを望みますが、しかし本当に聞きとることを望んではいないのです。イエスはこれが命に関わる力学であることを認識し、これを彼の活動における教えの中核にします。つまり「わたしを知るためには、あなたがたはわたしに従わなくてはならない」と。

ベトサイダの盲人が登場します。マルコはこの記事を、弟子であることについての教訓として作り上げています。この物語が解釈者たちの興味をそそってきたのは、これが、イエスが同じ個人に二度にわたって癒しのエネルギーを使っている唯一の場面だからであり、そしてこれが、イエスの始めた癒しについて途中でその状態を実際に確認している唯一の場面だからです。この「二段階の癒し」を、以下のことを想起させることによって、慰めを与えるものと理解するものもいます。つまり暗闇の力に対してはイエス・キリストでさえ苦闘したのであり、成功はかならずしもイエス・キリストにとって容易に得られるものでもなく、神の子でさえ、二倍の努力を強いられた時があった、ということを想起するためのものだというのです。

「福音書におけるこの物語の配置づけは、次のことを暗示する。すなわち、読者がこの時点までにイエスについて見るように導かれてきたこと――すなわち、奇跡を行なう彼の力、罪をゆるしさえする彼の権威、群衆の中での彼の途方もなく大きな人気――は、イエスが誰なのかをただ部分的に示すものにすぎない、ということである」――ウィリアムソン、現代聖書注解『マルコによる福音書』241頁

このような読みは、単にマルコの物語技法を過小に評価するだけではなく、マルコの目的を損なってしまいます。わたしたちがイエスによってフィリポ・カイサリア――キリストの弟子であることを学ぶすべての退修（リトリート）の原点――にさっと導かれて行ってしまう前に、マルコは、この盲人との出会いを用いて、キリストの弟子であるということの特徴を、視力を与えられることとして描きます。わたしたちはこの賜物を積極的に受けなくてはなりません。

この物語における、見きわめることと見えることに加えているマルコの強調に注意してください。最初盲人の目に触れて、イエスは「何か見えるか」と尋ねます（23節）。語り手がわたしたちに伝えるところによると、盲人は見えるようになって「人が見えます。木のようですが、歩いているのが分かります」（24節）と答えます。イエスは再度、彼の目に触れます。それから奇妙な文で（25節）、その男の両目が（複数形動詞で）「よ

く見えてきた」（「集中して見た、あるいは、焦点を合わせた」を意味することが可能な動詞）こと、「彼」が回復した（単数形動詞）こと、結果として、今や彼は何でもはっきりと見えるようになったことを、わたしたちは告げられます。この文は、次のように翻訳することもできるでしょう。「イエスは彼の目に手を置かれた。するとその目は集中して見るようになり、彼は回復して、すべてのものがはっきりと見えるようになった」。マルコは、わたしたちに何を示そうとしているのでしょうか。

マルコは、弟子であることについて語るこの部分の前置きに、慎重に、イエスが人の見る能力を「再－形成する」〔re-forming,「改革する」とも訳せる〕という意味深いイメージを置いています。イエスはこの視力を与えるという出来事を二つの動きによって描写し、キリストの弟子であることには、最初に一瞥した時よりもさらに深い段階が存在するという事実を強調しています。弟子であることは最初の印象をはるかに超えていることを明確にするために、マルコは「そこには見た目以上の隠れた何かが存在する」ということわざを用いたのかもしれません。最初に見えたことのみに基づいた献身は、弟子であることのテストに耐えないでしょう。マルコは教会に向かって、半分だけイエスの真理を見たことに満足しているよりも見えないままでいるほうがよい、と警告しているのかもしれません。

マルコは、キリストの弟子であることが可能なのは、神の奇跡的な恵みのゆえであるが、しかしキリストの弟子であることは表面的で受動的な生き方ではないということを、教会に理解してもらいたいと思っているのです。マルコの語りにおいては、盲人の視力は、盲人自身が集中してものを見るようになるまで、真に回復されてはいません。ベトサイダの盲人と同じように、弟子というものは、イエスと共に、見るという奇跡に積極的に参加するものです。弟子とは単に見上げて（アナ・ブレポー、

24節)、真理に対するぼんやりとした最初の一瞥を受け入れるだけのものではありません。弟子とは、主の助けを得て、彼ないし彼女にすべてのものがはっきりと見える(エム・ブレポー、25節)まで、見通そう(ディア・ブレポー、25節)と努力するものです。弟子たちは何が真実であるかを見る目を与えられたのであり、だから弟子たちは自分の目を使って、本当のものに焦点を合わせなくてはなりません。ほかにどのようにしてわたしたちは、イエス・キリストの必要とされる時に、彼にとって有用な者であることができるでしょうか。

「イエス・キリストの名を告白することの誠実さは、彼の道で彼に従うことの一貫性によってはかられるのである」――ウィリアムソン、現代聖書注解『マルコによる福音書』245頁

わたしたちは、見ているものにいかに従うべきでしょうか (8:27−9:1)

キリストの弟子たちは目を凝らしてものを見なければならないということを明確にしたのち、イエスは弟子たちをパレスチナの北方地域に移動させて、「問題の核心」(ウィリアムソン、現代聖書注解『マルコによる福音書』244頁)に取りかかります。こうしてわたしたちは、共観福音書において最も広く認知されている記事の一つに――そして忠実に解釈することが最も難しい記事の一つに――到達します。繰り返しますが、教会にとってこの箇所のもっている危険とは、教会がこの箇所に慣れ親しんでしまっているということです。

この箇所は、ガリラヤにおけるイエスの公的な宣教活動と、エルサレムへの私的な旅の間に架橋を形成します。そしてこの旅は、彼の逮捕と十字架で頂点に達するのです。すべてのことは、イエスと彼の選んだ十二人との間のこの衝突によって方向

を転換します。もはや弟子たちはイエスの宣教活動のそばに立っている存在ではなくなります。またイエスと共働する共同牧会者でさえありません。今から、彼ら自身がイエスの宣教の働きの対象になるのです。もはやイエスは、自分の宣教活動に、大衆のための慈善や癒しといった力強い業を散りばめることをしません。今やイエスは、わたしたちにさまざまな要求を浴びせるのです。

この重要な箇所を形成している構造が、その解釈の鍵です。ベトサイダにおいて、イエスは盲人に彼の視力について尋ねました。「見えますか」。ここフィリポ・カイサリアに向かう途上では、イエスは、群衆の視力について尋ねるでしょう。「彼らはどのように見ていますか」。最後にイエスは、わたしたちの視力を調べるでしょう。「あなたは何を見ているのですか」。イエスは、暗闇を貫き通す視力をもつ弟子たちを欲しています。

弟子たちと群衆の間には、面白い動きがあります。イエスと彼の弟子たちは、ガリラヤ湖の北20マイルの位置にある、フィリポ・カイサリアの村——ひどくローマ化されたカナン人の村——に向かう道の途上にあります。これは2、3日を要する旅で、その道の途中、さまざまな旅行者が弟子たちの一行に加わったり離れたりすることでしょう。注意したいのは、27−33節で、イエスは弟子たちと話しているのに、34−38節では、イエスが対話の相手を拡大して群衆まで含むものになっていることです。わたしたちは、弟子たちとイエスの会話の中身を「キリスト（メシア）の性質」と呼んでよいでしょう。他方、群衆と彼の会話の中身は「キリスト者の性質」と呼べるでしょう。

これは皮肉ではないでしょうか。イエスはキリスト者にキリストの意味を明確にし、そして非キリスト者に対してキリスト者であることの意味を説明しているのです。その上、彼とキリスト者との会話には叱責が満ちています。他方、非キリスト者との会話には、命令的な発言が満ちています。事柄は逆ではありませんか。キリスト者にこそキリスト者であることの啓発が必要であり、非キリスト者にはキリストについての啓発が必要なのではないでしょうか。

イエスの弟子たちとの会話は、破綻します。イエスの宣教活動におけるこの重大なポイントにおいて、弟子たちへのこの重要な私的説明は、叱責と混乱に陥ります。34節では、ペトロへの叱責にすぐ続いて、イエスは、いらだって頭を後ろにそらせ、そして振り返って、群衆に（弟子たちに声の届く距離で）キリスト者の召命について語ります。これは哀れむべき光景です。今までに弟子たちに明確になっていたはずの事柄が、群衆に対して語られます。どうしてこんなおかしなことになってしまったのでしょうか。そして弟子のあり方についてのこの同じ言葉が、なぜ今日に至るまで、教会の理解をすり抜け、教会を混乱させ続けているのでしょうか。

イエスは、一行がエルサレムに向かう前に、弟子たちのアイデンティティを強化するために、この最後の退修（リトリート）の期間を用意したのでした。彼は長期間にわたって、弟子たちに準備させることを望んでいました。彼は、単純な二部からなる計画を立てていました。すなわち、(1) キリストのアイデンティティを明確化し強化すること、そして (2) キリスト者のアイデンティティを明確化し強化することです。彼は弟子たちに、キリスト者〔に対する神〕の召命は、まさにキリスト〔に対する神〕の召命から派生する、と語ろうとしていたのです。彼は、それが粗削りな言い方になることを承知していました。しかし彼は、それが破綻するとは思っていませんでした。

彼は、真理を示すための背景を設定することによって、戦略的にことを開始します。「人々はわたしをどのように見ていますか」。弟子たちが適切に（そして1世紀の人々がイエスについて抱いていた印象を的確に）答えます。「よみがえった洗礼者ヨハネだ……キリストの先駆けとなったエリヤだ……過ぎ去って久しいヘブライ預言者の黄金時代を回復する古典的な預言者だ」。

するとイエスはいきなり、彼らに質問をします。「あなたがたはわたしをどのように見ていますか」。実際に、このギリシア語は、聞き手を示す余分の代名詞を挿入して強調的な表現になっています。「しかしあなたがたは――あなたがたはわたしが何者であると言うのですか」。

十二人を代表する自薦の報道官であるペトロは、彼の肩を反り返らせて、「あなたはキリストです」と宣言します。驚いたことに、それがイエスの叱責を引き出したのです。「人に話さないように。あなたたちは、これを口外してはなりません」。

問題の核心――キリストであること(8:31-33)

これらの数節には、キリスト教の核となる真理が含まれています。つまりキリストの召命とそこから派生するキリスト者の召命についての真理です。イエスはしっかりと立ち上がって、そして長く深い呼吸をします。彼は今まさに、以前には決してなかったように、わたしたちの信仰の構造をテストしようとしているのです。マルコも、語り手を通してわたしたちに警告を与えています。「そして率直に［イエスは］言葉を宣言し始めた」(31節)。イエスは危険に気づいています。そして彼は始めます。

彼は、キリスト（メシア）という称号よりも人の子という称号を優先させて、キリストについて教え始めます(31節)。彼は言います。「人の子がキリストの召命を確立する。ペトロよ、あなたではない。弟子たちよ、あなたたちではない。そしてもちろん、群衆でもない」。そしてイエスはその理由を説明します。人の子がメシアを定義します。というのは、人の子が、神の力のもうひとつの側面が弱さという形をとった権威であることを、明らかにするからです。

今までキリストは、神の支配をより可視的な——そしてより大衆的な——力と勝利という形で明らかにしてきました。この会話のあとキリストは、神の支配を、より非可視的な——そしてより大衆にはより不人気な——弱さと敗北という形で明らかにします。結局、地上における神の支配を証言することが、キリストの働きの全体になるのです——つまり、力においてまた弱さにおいて、勝利においてまた敗北において、目に見えるものにおいてまた目に見えないものにおいて。

もっと知るには？

見ることに関する聖書のイメージについて——
L. ライケン、J. C. ウイロア、T. ロングマン３世編『聖書イメージ事典』(Leland Ryken, James C. Wilhoit, and Tremper Longman III, eds., *Dictionary of Biblical Imagery* [Downers Grove, Ill.: InterVarsity Press, 1998], 255–56)、「目」(C. Edlund)『旧約新約 聖書大事典』(1162 頁) を見よ。

「メシアの秘密」について——
エドワード・シュヴァイツァー『マルコによる良き知らせ』(Eduard Schweizer, *The Good News according to Mark* [Atlanta: John Knox Press, 1970], 54–56)、「メシアの秘密」(挽地茂男)『聖書学用語辞典』(348–49 頁) を見よ。

イエスは、キリスト教の信仰を他のすべての唯一神教的宗教と区別する事柄を宣言しています。すなわちそれは、キリスト——つまり世界の全能の救世主——が、苦難と拒絶と殺害と復活をとおして万物を救うことが神の意志だということです。「十字架におけるイエスの死は、すべてのキリスト教神学の中心である」と、今日の指導的神学者のひとりであるユルゲン・モルトマンは語っています。「〔その意味するところは〕これが神であり、神はかくあるのである。神が最も偉大なのはこの［イエスの］へりくだりにおいてであり、神が最も栄光に満ちているのはこの［イエスの］自己放棄における以外にはない。神が最も強いのはこの［イエスの］無力さにおいてであり、神が最も神的なのはこの［イエスの］人間性においてである」（モルトマン、p. 204–5〔原著は、J. Moltmann, Der gekreuzige Gott, 1972, S. 190. 邦訳『十字架につけられた神』277–79頁〕）。モルトマンは、あの午後フィリポ・カイサリアに向かう道の途上で、キリストのうちにあらわれた神についてのラディカルな知らせが、弟子たちの生き方に激しく突入した時の彼らの立場に身を置いて、わたしたちが歩むのを助けてくれます。

この箇所は、マルコ福音書の物語の筋立て（プロット）にとって絶大な重要性をもっていますが、それはまた、キリスト教神学にとっても絶大な重要性をもっているのです。それまで「十字架につけられた神」という概念は、どの世界宗教にも存在しなかったのです。弟子たちは、そのための準備がまったくできていませんでした。彼らは、苦難のメシアという救済者の概念を処理するために利用すべき何ものをももっていませんでした。彼らは、唖然としています。そして怒っています。

「イエスとは何者かという問いは、『曲がりくねった道がどこに続いているのかを今や知った上で、わたしたちはイエスに従っていくのか』という問いになります」――アリス M. マッケンジー『マタイによる福音書』（現代聖書注解スタディ版、宮本あかり訳、日本キリスト教団出版局、2010年、109頁）。

そこでペトロは、イエスをわきに連れ出して、彼の発言の無意味さを叱責します（32節）。するとイエスは――依然としてペトロとの私的な接触の中にいますが――自分の体を弟子たちの方に（そしてペトロに背を）向けて、他の11人に向かって（群衆には言うまでもなく）公然とペトロを非難し始めます。イエスがどれほど徹底的に思いを伝えようとしているかに注意してください（33節）。彼はボディ・ランゲージを使って、問題点を強調しています。「ペトロよ、あなたは完全にわたしに敵対している」。

物語上のこの重大な分岐点において、わたしたちはイエスの叱責を小さく見積もってはなりません。なぜならイエスの叱責に、キリスト教信仰の誠実さがかかっているのですから。わたしたちの本能的な直感は、イエスは誇張しており、彼はペトロがサタンであると（あるいはペトロがサタンのように行動しているとさえ）言っているのではない、と主張するはずです。それでもマルコはそのことをきわめて明確にギリシア語で語っています。「ペトロ、あなたはサタンだ。なぜなら、あなたの心は、神の意志にではなく、人間の思いに向けられているからだ」。

イエスがペトロを叱責しているのは、ペトロが、単元（ユニット）2でイエスのところにやって来て「あなたはベルゼブルに取りつかれている。あなたは悪霊の頭の力で悪霊を追い出している……あなたは汚れた霊に取りつかれている」（マルコ 3:22、30）と宣告した律法学者となんら異なることのない行動をとっているからです。イエスの自己顕現——彼の弱さにおいて神が力をもって支配されるという顕現——に抵抗することにおいて、弟子たちは、エルサレムの律法学者と同じく、彼ら自身がイエスに対して目が閉ざされていることを示しているのです。結果において、弟子たちは、イエスの人格と使命を否定することによって、聖霊を冒瀆している——つまり恐ろしい「赦されない罪」を犯しているのです。

単元（ユニット）2の律法学者の場合と同じく、これは福音についての誤解の問題ではなく、これはイエス・キリストにおいて示される神の国についての良き知らせを、大衆迎合的なメシア政治という邪悪な知らせに変えてしまう完全な転倒なのです。弟子たちは、イエスが神の驚くべき包括的な力の別の面を明らかにするよりも、群衆が望むようなメシアとしての役割を果たしてくれることを望んでいます。イエスが苦難を担うメシアであると想像することを拒否することによって、弟子たちは自分たち自身をイエスに敵対する位置に置き、道徳的無理解の状態に自分自身を閉じこめているのです。イエスは、賛同しないことを示すために背を向けるしかありません。間違えてはならないのは、このイエスの叱責に、キリスト教信仰の誠実がかかっているということです。

問題の核心——キリスト者であること（8:34–9:1）

イエスは弟子たちを叱責すると、向きを変えて、キリスト者であることに関する彼の教えを、群衆を聞き手の中に含めて語りだします。わたしたちはすでにこの行為のもつ皮肉な一面に注目しました——つまりキリスト者に対してイエスはキリストとは誰であるかを明らかにし、他方非キリスト者に対してはキリスト者であるとはどういうことかを明確にしています。そしてわたしたちはイエスの計画が弟子たちの無理解と共に破綻することを暗示しました。落胆しながらもイエスは、見るべき目と聞く耳を持つものがあらわれることを期待しつつ、すべての人々と率直に対話を共にします。「だれでもわたしの後に従いたい者は……」（34節）。

イエスのこれらの言葉は、しばしば引用されます。おそらく彼の教えの中で、この教えほど細かく切りきざまれてしまっている言葉はないでしょう。しかしわたしたちは、それを一つにして理解しなければなりません。今キリストを定義し終えると、イエスは今度はキリスト者を定義します。「弟子とは、〔自分を〕否定し、〔自分の十字架を〕負い、そして〔わたしに〕従ってくる者だ」とイエスは言います。ウィリアムソン（現代聖書注解『マルコによる福音書』251頁）はこの単一にして三重の定義を、別々の三つの定義に分けて見ないように注意をうながしています。「〔この〕三重の条件……は、一つの条件なのである。というのは、最初の二つの言葉は第三の言葉を定義し、明細に言い表わすものだからである」。自己否定と十字架を負うことは、ともに従順な弟子のあり方を示します。

「わたしの後に従いたいものは、自分を捨て、
自分の十字架を背負って、わたしに従いなさい。」

群衆と弟子たちから成る一つの会衆に向かって、イエスは、キリスト者とはキリスト者になろうとする意志をもつ者であることを明確にします。ベトサイダの盲人の例を思い出してください――見えている人とは、視力という賜物を見るために用いようとする意志をもった人のことです。換言すれば、キリスト者であるということには、意志的な行動が伴います。それは親によって、あるいは洗礼によって魔術的に授けられる身分ではないのです。こういうわけで、新約聖書に一貫してあらわれるキリスト者という概念は、ほとんどすべて動詞的な概念なのです。「キリスト者」という名詞は、新約聖書にわずか三回しか出てきません（使徒11:26、26:28、Ｉペトロ4:16）。ふつう新約聖書はキリストに従う者に言及する際に、彼らの行動的な忠実さに言及します。

それゆえイエスは、三つの連続した命令を示しているのです。それらは一つになって、新約聖書全体においてキリスト者であることを示す最も簡潔な定義になっています。つまり、自分自身を否定し、十字架を負い、歩き始める、ということです。弟子のあり方に関するイエスの個人的な理解を吟味してみましょう。わたしたちは、ウィリアムソンが弟子のあり方を示す二つの条件と呼ぶもの、つまり自己否定と十字架を負うことに焦点を合わせてみましょう。

イエスは、彼がすべての将来の信従者に「自分を捨てよ」〔英文 “deny yourself”「自分を否定せよ」〕と命じた時、何を言おうとしているのでしょうか。「捨てる」と訳される言葉は、ここと 14 章 30 節だけでマルコが使うギリシア語で、14 章 30 節ではイエス・キリストに対するペトロの破滅的な否認を描くために使われています（「はっきり言っておくが、あなたは、今日、今夜、鶏が二度鳴く前に、三度わたしのことを知らないと言う〔否定する〕だろう」マルコ 14:30、強調付加）。「捨てる」を意味するギリシア語は、「自分との関係を否認する」あるいは「権利を断念する」と翻訳することができ、特定の関係を断つという意図的な行為、つまり「もうこれ以上何の関係ももたない」ということを含意しています。この言葉のマルコによる限定的な使い方は、挑発的です。マルコは、キリスト者であることは自己否定を伴う、ということを示唆しようとしているのでしょうか——キリスト者の中の最も真っ直ぐな人（ペトロ）でさえイエス・キリストを否認することがありうるのですから。マルコは、キリスト者の意志は謙虚なものでなければならない、と言おうとしているのでしょうか——最も親密な関係を結び、正しい信仰告白をしているキリスト者でさえ裏切りに陥るということを知っていて。

自己否定の概念と格闘しながら、わたしたちは、この命令が三つの破滅的に誤った取り扱いを受けている、と言明しなくてはなりません。第一に、キリスト者についてのイエスの定義を、社会学的な目的で、人々を現状にとどまらせるために用いた人たちがいました。例えば、キリスト者である奴隷や、虐待されている主婦や、抑圧と戦っている人たちは、ときどき、自分たちの現実を受け入れて、自己を否定し、現状に留まるよう勧告されてきました。第二に、キリスト者についてのイエスの定義を、物質主義的な目的で、人々に自分たちの所有物を共有するようにさせるために用いた人たちがいました。例えば、説教者たちは、各年度のスチュワードシップ・キャンペーンの期間には、自己否定が特に重宝することを見いだしました。第三に、キリスト者についてのイエスの定義を、心理学的な目的で、人々が自己否認するようになだめすかすために用いた人たちがいました。例えば、個人的に女性聖職に反対の立場をとる牧会カウンセラーは、女性に対して自分自身を否定し、神から自分に与えられた聖職への召命感を否定するように助言する可能性があります。

自己否定に関するこれらすべての解釈は、キリスト教信仰を誤解しています。イエス・キリストの目的の全体は、わたしたちの人間性を贖い、その素質を十分に発揮させるということです。イエスが自己否定によって意味するものは何であれ、わたしたちの人間性の否定を意味すると解釈すべきではありません。実際はそれとはまったく逆で、自己否定を求めるイエスの命令は、人間性の素質を十分に発揮させるための、イエスの処方箋なのです。さらに、自己否定を求めるイエスの命令は確かに（人間性を堕落させる）物質主義に対して厳しい態度をとってはいますが、わたしたちは自己否定を、物質の所有を禁じる命令に矮小化してはなりません。

イエスはわたしたちに、ほかの物や人との関係から距離を置くように命じているのではありません。そうではなく、わたしたちが自分との間に築いている特定の関係からわたしたち自身を引き離すように命じているのです。イエスは、もし弟子が列の先頭を行きたいと言い出すなら、その列が決してエルサレムに到着しない、ということを知っています。それゆえ彼は、キ

> 「弟子たちがイエスを導いたり、守ったり、制したりすべきではない。彼らはイエスの後に従うべきである」——ウィリアムソン、現代聖書注解『マルコによる福音書』250頁

リスト教信仰を条件を付けて表現します。「だれでもわたしの後に従いたい者は、わたしの後に留まらなくてはならない」。ウィリアムソン（現代聖書注解『マルコによる福音書』251頁）が同意します。「イエスの道……は、より偉大な自己を解放するために、貪欲な自己を否定することである」。言い方を変えると「あなたは、あなたの自己との関係を再編成しなくてはなりません。そうすることで、あなたの自己は、あなたを支配するのではなく、わたしがあなたの主となることを許すのです」。

弟子に関する二番目の条件は、十字架を負う、です。イエスは、キリスト者のつもりでいるわたしたちすべてに向かって「あなたの十字架を負いなさい」と命じる時、何を意味しているのでしょうか。再び繰り返しますが、教会は時に誘惑の餌食になり、イエスの明快な定義を使って、わたしたちの十字架とは、わたしたちが現在経験しているあらゆる不運な状況や苦難を意味する、とわたしたちを説得してきたのです。ある人たちにとっては、わたしたちの十字架は、勇気をもってガンの診断に耐えることや、人種差別に直面しながらもしっかりとした態度をとり続けることと等しいものと見なされてきました。

それらの状況の痛ましさと同じぐらい痛ましいのは、彼らがこの表現のもつ衝撃力を取り逃がしていることです。これは、十字架が古代世界において意味していたことではありません。そしてこれは、イエスがキリストの弟子であることの核心として定義したものでもありえません。十字架は、ローマの国家に対する犯罪を犯した人間のために用意された、非常に残忍な死刑の形態でした。イエスがキリストの弟子を自分の十字架を選び取る者と定義する時、彼は、弟子が神の意志を行うための代

価を十分に担わなくてはならないと言っているのです。弟子にとっての十字架は、それが正義の結果（条件ではなく）であるという点で、イエスにとっての十字架とまったく同じなのです。十字架は、イエス・キリストが神の意志を実行するために背負うことを強いられたものなのです。

その十字架が正しいのか間違っているのかということは、わたしたちがそれに釘で打ち付けられる時、問題ではありません。イエスが、彼を訴える者たちの明白な不正行為にもかかわらず、彼らに異議を唱えることを拒否していることは、注目すべきではないでしょうか。イエスは、ローマ人とユダヤ人が共に画策した陰謀によって彼に科せられる恐ろしいほど不当な十字架を、ただ静かに担います。そして彼は、弟子というものは同じように行動する、ということを明らかにするのです。弟子とは、どんな犠牲を払っても神の意志を行う者であり、自らの正しい行動に起因する結果（十字架）を受け入れる（担う）者です。イエスの教会に対する警告は、神の意志を行うことは時として生死にかかわる結果をもたらすが、弟子たちは、その結果のゆえに、正義を行うという使命から逃げてはならないということなのです。

> 「この招きと警告、さらに挑戦状は、わずかな伝統的知恵や通俗的敬虔や生来の傾向を明らかに越えているので意義がある」――ウィリアムソン、現代聖書注解『マルコによる福音書』256頁

イエスは、弟子のあり方についての彼の教えのもつ恐ろしい力を知っています。それゆえ、その会話を励ましの言葉で結んでいるのです。彼は、弟子であることがその犠牲に値するのは、あなたがたがその犠牲よりも高価な生命を見いだすからだ、と宣言しています。事実上イエスは教会に、「あなたがたはわたしの弟子であることを恐れたり、恥じたりする必要はない」と勧告しているのです。「あなたがたは、神の意志を大切

にすることを恐れたり、恥じたりする必要はありません。あなたがたは、正しいことや善なることや真実を行ったことによって死罪に処せられることを、恐れたり、恥じたりする必要はありません。このことの中に、あなたはあなたの本当の人間性を見いだすでしょう。あなたの生命を失うことにおいて、あなたは、値踏みのできない永久的な生命を得るでしょう。恐れてはなりません。わたしの後ろについて、そして従ってきなさい」。

? さらに深く考えるための問い

1. 「見ることは信じること」〔Seeing is believing. 日本語の慣用的な翻訳では「百聞は一見にしかず」〕という古いことわざが、この単元(ユニット)を読んだ後で、異なった意味をおびてきます。どうして、そうなのでしょうか。
2. イエスが弟子たちに「人々はわたしのことを誰だと言っていますか」と尋ねると、彼らは、イエスではない――わたしたち（そして彼ら）はそれを承知しています――数人の個人を列挙して答えています。人々はなぜ、イエスがヨハネやエリヤや預言者であると考えたのでしょうか。ヨハネやエリヤは、一体どうなりましたか。彼らは生きているのでしょうか、それとも死んだのでしょうか。ペトロの答えは、人々の誤解を修正する試みです。イエスはなぜ、ペトロが彼の結論を誰にも話さないように命じているのでしょうか。
3. この箇所は、自己否定と十字架を負うことについて語っています。これらの表現は、今日の信徒にとって何を意味しているでしょうか。
4. イエスはペトロを叱責しています。その動詞は、マルコ福音書においては、悪霊追放や荒れ狂う湖を静めるために用いられたものでした。ペトロの行動は、イエスのこの厳しい反応を当然とするようなものだったのでしょうか。なぜそうなのでしょうか、あるいはなぜそうではないのでしょうか。今日、叱責に値するものには、どんなものがあるでしょうか。

マルコによる福音書 11章27節－12章34節

秘密（ミステリー）は挑戦する

この箇所でマルコは、イエスと主流派宗教組織との劇的な衝突を描きます。マルコがわたしたちに理解するように望んでいることは、信仰が制度化される時、それがどれほど命をもたないものとなってしまうかということです。わたしたちはイエスの生涯の最後の一週間にいます。棕櫚の主日は、すでに過ぎました。そして聖金曜日が、聖週〔受難週〕として知られるトンネルを通して、わたしたちをじっと見つめています。この数節の間に、イエスの権威は、1世紀の制度的ユダヤ教のすべての周知の公職者——つまり祭司長、律法学者、長老、ファリサイ派の人々、ヘロデ派の人々とサドカイ派の人々——によって挑戦を受けるのです。もし神殿を中心としたユダヤ教がぶどう園と見なされうるならば、これらの六つの権威者たちのグループは、神が一時的にぶどう園を賃貸した小作人です。ここでのマルコの目的は、ユダヤ教を貶めることではなくて、制度化された宗教のもつ人間を殺していく力学を明らかにし、そしてそれをイエス・キリストの生きたユダヤ人的信仰と対比す

> 「イスラエルの歴史を通して神の民の指導者たちが、神の権威ある言葉とは無関係に彼らの権限を行使することを欲し、神が遣わした預言者たちを拒絶した」——ウィリアムソン、現代聖書注解『マルコによる福音書』344頁

ることです。

この場面においてわたしたちが想起すべきことは、ユダヤ人が数世紀前に捕囚から帰還して、エルサレム神殿を再建し、そしてパレスチナの土地に彼らの民族の根を再び張ることができたものの、当時、彼らは日々の暮らしをローマの占領下におくっていたことです。イエスの時代、パレスチナはローマの公的な領土であり、ヘロデ大王やヘロデ・アンティパスのようなローマの代理統治者によって支配されていたのです。おおむね、ユダヤ人たちは自分たちの信仰を実践する自由を許されていた一方で、ユダヤ教指導者にとってはローマの利益になる行動をとることが政治的に得策であったに違いありません。

宗教と政治がこのように強く絡みあっている中で、マルコは、イエスの生命が政治家たちによってではなく、皮肉にも、宗教当局によって危険にさらされていることを、確信しています。ただローマ政府のみが十字架による処刑を執行することができたのは事実ですが、ユダヤ教指導者たちは政治家たちに、このような処罰がローマにとって最大の利益になると、確信させることができたのです。わたしたちは、宗教当局とのこれらの一連の対立から、イエス・キリストの運命がユダヤの最高法院とローマとの間の陰謀によって決定されたということに、ほとんど疑いをもたないでしょう。

わたしたちは詳細に物語を吟味する前に、この箇所の直前でイエスがなさったことに立ち戻ってみましょう。わたしたちは、ここから2章半ほど前に、彼と別れました。それはキリストの弟子であることについて考えるフィリポ・カイサリアでの退修(リトリート)の終わり（8:22–9:1)、つまりガリラヤでのイエスの公的な宣教活動の終結の時でした。10章1節でわたしたちは、イエスが「そこを立ち去って」エルサレムに彼の顔を向けた、と告げられます。フィリポ・カイサリアでの退修(リトリート)以来、イエスは、次のことを経験しました。

- 「退修(リトリート)の終わり」に起こった、目もくらむばかりの変容（9:2－13）
- てんかんで引きつけを起こした若者との出会いと癒し（9:14－29）
- 第二の受難予告（9:30－32）
- 自分たちの力と名声と特権に関する弟子たちの間の口論（9:33－37）
- 競合する悪霊追放者に対する弟子たちの予断（9:38－41）
- 「小さな者たち」を誘惑に導くことへの警告（9:42－50）
- ファリサイ派の人々による離婚の合法性についての抜き打ちテスト（10:1－12）
- 弟子たちが子どもたちを追い払おうとしたことに対する強い不快感（10:13－16）
- 永遠の命以外のすべてをもっている男の切実な訴え（10:17－31）
- 第三のそして最後の受難予告（10:32－34）
- 力と名声と特権に関する弟子たちの間の第二の口論（10:35－45）
- 盲人との――今回は、バルティマイとの――出会いと癒し（10:46－52）
- ろばの背に乗ってエルサレム入城（11:1－11）
- 市場に変貌したために、霊的な実を結ばなくなった神殿における暴力的な衝突（11:12－26）

こうして、この聖書研究の中間地点において早くも、マルコはわたしたちを、イエスの生涯の最後の 120 時間の地点につれていきます。わたしたちはまだ、マルコ福音書の残り 5 章

（そしてこの研究書の半分！）を学ばなければなりません。福音書は、〔受難物語からイエスの生前に向かって〕後ろ向きに書かれた物語であるとか、ある研究者が述べているように「長い序論をもった受難物語」（ウィリアムソン、現代聖書注解『マルコによる福音書』22頁で引用）である、と説明されてきたのは適切なことです。換言すれば、わたしたちはイエスの生涯の中心部を学んでいますが、それはひとえにイエスの生涯の終わりを知るためなのです。終わりの部分を取り去ってみなさい、そうすればイエスの生涯（キリスト教の全体を含めて）は、名もない小ぎれいな歴史の記録文書に納まってしまうでしょう。

キース・ニクル（p. 63）は、それをこのように表現します。

> マルコの主要な文学的業績は、さまざまなタイプのイエス伝承を入手して、それらを十字架につけられそして復活したキリストを宣べ伝える教会の宣教の業に接合したことである。彼はこれによって、伝承が解釈されていく過程を統制し、そこに限界を定めた。彼はまた、教会が伝える十字架の出来事の宣教を、イエスの地上における歴史の中に固定した。彼は、広範囲に語り伝えられた歴史――それは永遠の次元に属する救いの出来事を具体化したものである――を提供するために、イエス伝承を用いた。マルコはその救いの出来事を、彼の作品のクライマックスすなわち受難物語において描いた。われわれはこれによって、イエスの公的な宣教活動のエピソードのすべてを、受難を予示する予型と見るように強いられる。すなわち、個々の事件は、それが十字架と復活という支配的な見地から解釈されるまでは、不明瞭なままで（そして誤解を招いたり、人を欺くことさえも）あるのだ。

これ以後、わたしたちは、イエスとユダヤ教指導者たちとの間の治まることを知らない緊張感を見落としてはなりません。彼らの関係は、すでに締め上げすぎたバイオリンの弦のように、張り詰めています。わたしたちは、エルサレムのユダヤ文化全体が醜聞(ゴシップ)と風説と報告と目撃情報とで沸き返っていたことを、確認することができます。イエスは、より悪い意味で名士になっていました。群衆に切望され、指導者たちによってつけ狙われていたのです。

この箇所に先行する数節において、イエスは神殿市場で、一線を越え、宗教指導者たちの消費者経済的利害を侵食します。マルコがわたしたちに警告しているのは、今やイエスのすべての行動を致命的な衝突が支配しているということです。「祭司長たちや律法学者たちは……イエスをどのようにして殺そうかと謀った。群衆が皆その教えに打たれていたので、彼らはイエスを恐れたからである」(11:18)。イエスと彼の弟子たちは、死の竜巻の中に突き進む長いスパイラルの中に入っていったのです。

権威の性質とは何ですか(11:27−33)

イエスは彼の一行を率いてエルサレムに戻り、彼らをまっすぐに神殿に連れて行きます。そこは今や、反イエスの感情で混乱したスズメバチの巣と化していました。彼のもとにはすぐに、祭司長と律法学者と長老たちが近づいてきます。彼らはイエスのところにやってきて、権威の性質についてしつこく質問を始めます。彼らの権威に関する質問は、実際は、権限の認可の問題です。それゆえ彼らは、それが自分たちのものだと主張して譲らないのです。「何の権威で、このようなことをしているのか。だれが、そうする権威を与えたのか」(11:28)。この職業的な神殿複合企業体は、彼らが宗教的行動に関する唯一の権威の認定者であり、彼らはイエスの行動を認可していない、と宣言します。

このテキストは、信仰がそれ自体において目的とされるよりは、目的にいたる手段となる時に生じる、信仰の危険な性質についてのマルコの解説として読むことができます。神の任命を受けて神とイスラエルの間の契約に仕えるこれらの仕え人たちは、その働きへの自分たちの召命を、自分自身のための私的な事業に歪曲してしまったのです。生ける神の弟子になるように選ばれたこれらの指導者たち――自己にしがみつくことを否定し、どんな犠牲を払っても正しいことを行うように召された人たち――は、正反対のものになってしまいました。彼らは神と人間との関係をきちんと箱詰め(パッケージ)にして、それらを売って、彼らが理事会のメンバーとなっている法人の利益を得ているのです。

イエスの質問に対する彼らの資本主義的な動揺に耳を傾けてください。「もしわたしたちがそう言えば、わたしたちの競争相手が優位を得るであろう。しかしながら、もしわたしたちがこう言えば、わたしたちの製品は売れないであろう」(11:31–32〔新共同訳「『「[ヨハネが]天からのものだ」と言えば、「では、なぜヨハネを信じなかったのか」と言うだろう。しかし、「人からのものだ」と言えば……。』彼らは群衆が怖かった。皆が、ヨハネは本当に預言者だと思っていたからである」〕)。彼らの考察と識別は、神中心ではなく人間中心です。彼らは聖職者ではなくて、大衆迎合主義者なのです。宗教的なのでなく、宗教屋なのです。彼らは人々の信仰の存続のために制度を運営しているのではありません。彼らは、制度の存続のために、人々の信仰を管理しているのです。

しかしながら、この聖書のみ言葉を聞く際に慎重を要するのは、「我ら―彼ら」ゲーム〔「彼ら」を反面教師として「我ら」を正当化する行為や態度〕を避けるということです。わたしたち読者は、きわめて傲慢にもこのゲームに興じることがあるのです。というのは、マルコはわたしたちに、わたしたちが皆、自分に都合よい組織を作るという、この種の誘惑に屈しやすいことを知らせたいのです。わたしたちは、たまたま通りかかった観察者でも潔白な傍観者でもありません。

> 「本来は傲慢なユダヤ教指導者たちに向けられたこの警告は、今日、傲慢なキリスト教指導者たちに同じように適用される」――ウィリアムソン、現代聖書注解『マルコによる福音書』347頁

イエスはこのようなことを決して容認しません。イエスにとって権威は、神学的であり、関係的であり、そして謙虚なものなのです。彼は、彼らの質問に対して、ラビのように、逆に質問で応えます（11:30）。それは「逃げ口上ではなく、重大な神学的声明」（ウィリアムソン、現代聖書注解『マルコによる福音書』340頁）です。その上、イエスの質問は本質的に、ヨハネの神との関係についての質問であって、一つの制度〔洗礼〕の権威の認定者としてのヨハネの身分に関する質問ではありません。最後に付け加えるなら、ヨハネは公に預言者と見なされていたけれども、彼の謙虚な生き様は忘れ去られてはいなかったのです。

神殿理事会は、イエスの質問によって形無しにされます。皮肉にも、彼らの唯一の選択肢は、自分たちが権威を持っていないことを告白することなのです。「わたしたちは知りませんでした。そしてわたしたちは今も知りません」（これは11:33で彼らが使っているギリシア語の完了時制のもつ効果です〔新共同訳「知りません」〕）。それに対してイエスは応えます。「それでよろしい」。そしてテーブルをひっくり返すのを止めます。ユダヤ法院は、権威を持たない権威の認定者として登場しています。

イエスは、権威を認定するということにまったく関心をもたない権威として登場しているのです。

権威の性質は仕えるということ（12:1−12）

神殿の指導者層から手綱を奪うと、イエスは続いて彼らに、譬えで語られました。わたしたちはこのやり取りを、再び想像してみましょう。イエスは神殿に戻ります。彼は、権威の認定者たちから、彼の権威について尋問されます。今度はかわって、彼が、権威の認定者たちに権威の性質について尋問します。権威の認定者たちは自信を喪失します。なぜなら彼らは、本当の権威をもっていないからです。今度はイエスが、彼らの質問に対して権威をもって教訓的な回答を保留し、それに代えて譬えを示しています。彼は、きわめて巧妙に完全に支配権を握っています。

この譬えは、イエス・キリストの大胆さを示しています。この状況を想像してみてください。彼は、エルサレムで最も政治的な場所に立っています。彼の運命を手に握っている政治的な宗教家と面と向かい合って、彼らの権威の乱用を絵画的に描いているのです。そしてイエスは大胆にも、彼らによる特権と権力の乱用に対する神の究極的な勝利の宣言として、この物語を展開しています。彼らは、自分たちが残忍な管理者として働いていることについての絵画的な説明を受け取ります。それは、神がイスラ

彼は……ほかの人たちに
ぶどう園を与えるにちがいない。

エルの信仰というぶどう園を、他の働き手に譲渡するという言明なのです。最終的に、イエスは彼ら自身の聖書（詩編 118 編）から、神が、彼らをものともせず、彼らなしで勝利することを断言します。彼らの権威はこれまでなのです。

この悪い農夫の譬えは、ユダヤ人指導者たちの権威の乱用を例証しています。イエスは彼らの管理者としての働きを、殺人にまでいたる暴力的な自己中心的行為として描写します。彼らは、さしあたりは勝利しても、結局はそうではないのです。

しかしこの譬えはまた、ユダヤ教内で増大する反キリスト教感情に苦闘している 1 世紀のキリスト者に対して、神とイスラエルとの契約を正しく管理することは、キリスト者にも同様に帰属する事柄であると伝えています。つまり実質的に、マルコは、若い教会に対して、神の愛の福音がイエス・キリストにあるすべての人々のためのものであることを銘記するように勧告しているのです。ウィリアムソン（現代聖書注解『マルコによる福音書』344 頁）はマルコの表現を「ヨハネ三・一六が命題としてきわめて簡潔に述べている神の愛するひとり子に関する福音の、物語様式における感動的な表現である」と説明しています。

ウィリアムソン（現代聖書注解『マルコによる福音書』342–46 頁）がこの「小型の福音書」を取り上げる時、彼は、この譬えを 4 つの部分に分け、それぞれの部分が神の救いの歴史における特定の段階を例証している、と主張しています。第一に、ぶどう園の主人が送った僕を農夫たちが拒絶するように、イスラエルも神の預言者たちを拒絶する。第二に、農夫たちが主人の最愛の息子さえ尊重することを拒否したように、これらの神殿の指導者たちも神の子イエス・キリストを尊重することを拒否しました。第三に、農夫たちがさらに続けて自己利益のために主人の最愛の息子を殺したように、現状維持を望む当時のユダヤ人当局者たちも神の子イエス・キリストを亡き者としました。

そして第四に、ぶどう園の主人がその後ぶどう園の仕事を、もとの農夫たちから他の人たちに移譲したように、神も神殿の仕事を教会に移譲されたのです。

物語の全体を文脈において解釈すると、それは、宗教的な現状を維持することによって既得権益を持つ人たちが、大規模な職権乱用をしていることを伝えようとしています。マルコはここでもまた、すべての時代と場所の宗教指導者たちに、神と人類との生きた契約を制度化するという致命的な危険について、警告を発しているのです。ウィリアムソン（現代聖書注解『マルコによる福音書』346頁）は言います。

> 教会で何らかの権威ある地位についているすべての人に対して、この譬えは警告を発している。「われわれの」領地を切り開こうとしたり、誰のぶどう園であるかを忘れたりする傾向、あるいは、何よりも最も危険なこととして、われわれ自身の小帝国建設のために他の人々に協力を求める時、まさにその時に、それが「主の業」であると敬虔そうに言う危険な傾向についての警告である。

責務の範囲は無限です（12:13－17）

イエスが譬えを語り終えようとするころ、宗教指導者たちはこの譬えが自分たちに向かって語られているのに気づいた、とマルコはわたしたちに教えてくれます（12:12）。彼らは激怒します。しかし、皮肉にも同時に彼らは無力なのです。それは彼らが、世間の評判を考慮しながら行動しなくてはならないからです。輪縄（なわ）はイエスの首にかかっています、しかしまだそれを締めることができる者は一人もいません。

それゆえ彼らは怒って出て行き、自分たちの代わりにファリサイ派やヘロデ派の人々を送り込みます――彼らが巧妙に術策をもちいてイエスに一撃を食らわすことができるように期待しながら。イエスに対する陰謀は、神殿のすべての執務室に広がりました。今や神の子をつかまえる解禁期間が到来したのです。地域の聖職団から次から次へといくつものグループが、イエスを捕らえるために駆け引きの罠をしかけます。わたしたちはヘロデ派の人々が誰であったかを知りませんが、彼らとファリサイ派の人々の協力は、神殿と王座の間で画策された陰謀であったように思われます。

彼らは、最初、その真実さ、公平性、トーラーの真理への情熱を肯定することによって、イエスをほめ殺しにしようとします。それからこのお世辞たらたらの序曲に引き続いて、彼らはイエスに、〔賞金〕6 万 4000 ドルの質問を急に持ち出します〔“The $64,000 Question” は 1955 年から 58 年にかけて、アメリカでテレビおよびラジオで放送されたクイズショー〕。「皇帝に税金を納めるのは、律法に適っているでしょうか、適っていないでしょうか。あなたが、わたしたちをお導きください。おお、正直で、公平で、ラビのような先生」(12:14)。彼らが、神殿裏の集会場でこの質問をでっち上げたのは確実です。それは、同時に、神学的そして政治的な理由でイエスを罠にかける、という彼らの陰謀の臭いを発散しています。もし彼が「その通り。皇帝に税金を納めなさい」と答えるなら、ユダヤ人たちは〔硬貨には皇帝の肖像が刻まれているので〕偶像礼拝で彼を捕らえるでしょう。もしイエスが「いや。皇帝に税金を納めてはいけません」と答えるなら、IRS〔アメリカ合衆国内国歳入庁（The Internal Revenue Service)。連邦税に関する執行、徴収を司る。日本で言う、国税庁〕が彼を捕らえるでしょう。もう逃げようがありません。

実際には、ここで主題となっているのは、イエスの憤りです。

どちらにころんでも窮地に陥る質問の狭い隙間をすり抜けながら、今回イエスは、教えでも譬えでもなく、実物教育で答えることに決めました。彼はローマ貨幣をもってこさせて、そして彼の仲間のユダヤ人たちやファリサイ派やヘロデ派の人々に向かって問いかけます。「これは、だれの肖像と銘か」。

「分かり切ったことだ、ナザレの人よ。それは皇帝のものだ」。

罠は仕掛けられましたが、その罠にかかって捕らえられるのは彼ら（そしてわたしたち）なのです。

歴史（および神学）を魅了する逆説的話法（アイロニー）によって、このよく知られた教えは、イエスがそれを仕掛けてから2000年たった今も、わたしたちにとって罠であり続けています。ちょっと教会の人々を集めて、この箇所を紹介して、彼らに解釈を求めてみなさい。ほとんどすべての人が、二つの王国のテーマに多少の解釈の違いを見せながらも、真っ逆さまにその罠に落ちて餌食になるのです。「この世のある特定の事柄は政府に属し、この世のある特定の事柄は神に属します。それがまさに、ふさわしいあり方です」。今日の教会の人々が、1世紀のファリサイ派やヘロデ派の人々と同様にはっきりと理解していないことは、なんと注目すべきことでしょうか。

問題は、聖書が——旧約聖書も新約聖書も——二王国論と何の関係もないということです。このようなものの見方は、ユダヤ的信仰の性格にまったく反しているだけではなく、イエス・キリストにおいて神が地上を本拠地として支配を開始された、という良い知らせを台無しにしてしまうのです。創造世界を二つの王国に分けようとする——ひとつは世俗の王国、もうひとつは霊的な王国に分けようとする——すべての試みは、反ユダヤ的、反キリスト教的、非聖書的であり、倫理的に破滅的な試みなのです。

では、イエスは何を言おうとしているのでしょうか。ギリシア語本文はこう読めます。「皇帝のものは皇帝に〈カイ〉神のものは神に返しなさい」。ギリシア語の〈カイ〉は接続詞であって、それが用いられる文脈によって異なった意味をもちます。それはふつう「そして（“and”）」と翻訳されますが、もしここでそのように翻訳すれば、イエスが「二つの王国」の方向で教えており、「皇帝のものは皇帝に返し、そして神のものは神に返しなさい」という意味になります。これは、なぜこのような解釈がこんなにも一般化しているのかを説明しています。

しかし〈カイ〉はいつもこのように翻訳されるとは限りません。〈カイ〉のもうひとつの由緒正しい翻訳の仕方は、エペクセジェティカル（epexegetical）なものです。「エペクセジェティカル」という風変わりな言葉は、詳細に説明するという単純な意味をもつギリシア語に由来します。それゆえ、もしこれが接続詞〈カイ〉を使っているイエスの意図だと理解するなら、〈カイ〉に後続する記述は、〈カイ〉に先行する記述を詳細に説明したものとなるのです。「神のものは神に返しなさい」は、「皇帝のものは皇帝に返しなさい」という主張に関するイエスによる詳細な説明ということになります。次のような翻訳が可能になるでしょう。「皇帝のものは皇帝に返しなさい。すなわち、神のものは神に返すということです」。あるいは、「皇帝のものは皇帝に返しなさい。わたしが言おうとしているのは、神のものは神に返しなさいということです」としたほうがさらに良いのかもしれません。

> 「人の究極的な忠誠とその人格は、神にのみ属する。根本的意味で、創造されたすべてのものが神に属するのである」――ウィリアムソン、現代聖書注解『マルコによる福音書』351頁

これは小さい問題ではありません。なぜならこの小さな教えを用いて、イエスは、彼の神学的な切り札を切り、あらゆる人間の行動を神学的に意味あるものとして作り直しているからで

す。彼は、生活を二つの王国に区分することが都合が良いと思っている人たちに向かって、人間のすべての行動は、神学的である——つまりあらゆる行動は神と関係をもち、IRS の Form 1040〔米国税法上申告書式。日本で言う確定申告〕の申告のような最も世俗的な行動でさえも関係を持っていると宣言します。神とは関係なく——宗教指導者のように——行動することはすべて、行動することによって〔神の〕権威を傷つけることとなるのです。というのは、真の権威とは仕える権威だからです。仕えるということがいっそう包括的であればあるほど、それだけ権威は大きくなるのです。

このトゲのある教えに関してイエスの意味するところを言い換えるとすれば、「皇帝のものは神のもののうちのごく小さい、まさに小さい一部に過ぎない。なぜなら、神がすべてのものを所有しておられるからである。これを理解して、これを自分の言葉と行動で具体化する人々は、真正の権威をもつ人たちである」となります。

自分の神が死んでいる人々は仕え人にはなれない(12:18−27)

1 世紀のユダヤ教の派閥のうち、まだイエスの知恵を試していないのは、あとひとつのグループだけになりました。サドカイ派の人々です。さて、イエスがこちらに立っていますと、彼らがやって来ます。わたしたちは、成立して 200 年もたたないこのグループについて多くを知りませんが、わたしたちが知っていることで十分なのです。サドカイ派の人々は、復活もいかなる種類の天使や霊も信じなかった短命の貴族的な集団でした。彼らは、ヘブライ語聖書の最初の部分、つまりトーラー〔律法〕(旧約聖書の最初の 5 巻の書物のヘブライ語の呼称)だけを支持しました。彼らは、ヘブライ語聖書の第二部の預言者（〔ヘブライ語で〕ネビイーム）と第三部の諸書（〔ヘブライ語で〕ケトゥビーム）の権威を拒絶しました。それゆえサドカイ派の人々は、ヘブライ語聖書のわずか3分の1を聖典としていたのです。加えて、彼らはまた、律法学者およびファリサイ派的解釈の伝統を拒絶しました。彼らは、気取った扱いにくい連中でした。彼らはまた、富裕で、字義に拘泥し、冷笑的で、現世主義的なのです――これらの性格上の特質は、往々にして、自己満足、心の偏狭さ、懐疑主義、俗物傾向に変質します。

彼らは、レビラト婚に関する「トーラーの難問」をもってイエスに接近します。この論戦におけるサドカイ派の人々の目的は、理解するのが困難です。多分それは、基本的な聖書試験で、イエスの優位に立とうという試みです。彼らの質問は、ばからしい、ねじ曲がった、退屈な質問です。イエスは、このような滅茶苦茶なシナリオに答えることによって、自ら罠にかかろうとしているのでしょうか（これはマルコ流の滑稽な息抜きの場面なのでしょうか）。レビラト婚の慣習は、申命記25章5–10節に見いだすことができます。それはひとりの男が死亡した場合に、その死後も長く彼の家族においてその利害関係を守るための試みでした。

ここにあるのがその場面です。まったくの浮かれ騒ぎです。サドカイ派の人々は、イエスに近づいてきて、彼を取り囲み、肩口に紫色のレース状のトーガ〔古代の外出用の上着。裁判官や司祭の職服としても使われた〕をかけ直し、咳払いをして、トーラーの細部にわたってレビラト婚に関する判例を探し出し、その判例をばからしいほど拡大解釈して、そしてそれをイエスに答えさせようとするのです――彼らが、このラビ風の小生意気な若造よりも優れていることが明らかになることを期待しながら。このシナリオをさらにいっそう滑稽なものにしているのは、サドカイ派の人々が自分たちの策略を復活に対する皮肉をこめた言葉のひと突きで締めくくっている（12:23）ということです。彼らが復活を冷笑していることは、だれもが知っています。彼らが得意になっている様子は、まるでテキストから聞こえてくるようです。彼らは、絶賛でお互いを撫で合います。

イエスは面白がりはしませんでした。この一連の論戦全体は、宗教的権威――つまりイエスの心にとって身近で大切なもの――についての論戦でした。彼はユダヤ教のさまざまな職務を非常に高く評価しています。たとえ彼が、それらの役割の模範となる人物に出会うことがほとんどないとしても、そうなのです。これらの人々は神と共に生きるイスラエル人の生活に仕える者として、イスラエルの主によって召し出され、賜物を与えられた人たちです。イエスは、祈りの家の中での嘲笑にみちたこの退屈な長話を快く受け入れません。彼は、忍耐の限界に達します。

彼は、サドカイ派の人々が思い違いをしているという非難（12:24）から始めて、同じく「大変な思い違いをしている」（12:27）という非難で話を結んでいます。彼らは、イスラエルにとって真実で正しいものから、迷い出て、それを捨ててしまったのです。イエスの最初の攻撃は、仕えるという責務が捨てられたことに対する深刻な告発です。彼は、実質的には、サドカイ派の人々がもはやイスラエルに対して権威者ではないということを、彼らに教え始めているのです。もし彼らが現時点で聖書も神の力も知らないのなら、彼らは、どうして権威（この箇所の本来の主題）を保持することができるのでしょうか。24節でイエスが使っているギリシア語の完了時制は、〔11:33に続いて〕ここでもまたサドカイ派の人々が、今までずっと知らない状態にあり、それが現時点でも継続している、ということを意味する可能性があります。

> 「腐敗した肉体の復活に対する信仰は、今と同じように当時も、多くの人たちにとってはばかげた迷信のように思われました。しかしながら、新約聖書記者たちが明確にしているのは、彼らが復活について語る際には、肉体がそれらの死ぬ前の状態に戻ることと考えてはいないということです」――ヘア『マルコによる福音書』(Hare, Mark, Westminster Bible Companion, 157)。

そしてイエスは、サドカイ派の人々がちょうどパロディー化したばかりの神学的立場に、つまり復活に、あざやかに移行します（12:25)。彼は「七人の兄弟と彼らの妻が、死者の中から復活するとき」と、復活の現実性を強調して宣言します。その上で、サドカイ派の人々の驚いたことに、イエスは、彼らが犯しているあと二つの神学的な誤りを宣言します。「彼らはめとることも嫁ぐこともなく、天使のようになるのだ」。おそらく彼は戦略的に声を大きくしています。つまり「彼らは死者の中から復活し……天使のように……めとることもありません」という表現が、神殿の通廊のいたるところに反響するのをねらっているのです。サドカイ派の人々の顔色が、これほど真っ赤になったことは今までにありませんでした。

しかしイエスはこれで終わりにはしません。彼は、復活の教義に戻ります。イエスと彼のもつ１世紀のユダヤ人としての篤い信仰にとって「死者の復活」は中心的な重要性をもっています。そこでイエスは、サドカイ派の聖書つまりトーラーの中心――出エジプト記３章の「燃える柴」の物語――に飛び込みます。そこではイスラエルの聖なる方が、親密さをもって神の固有の名前「YHWH」〔ヤハウェ〕を啓示し、その名前とともに、神の性質と特徴と目的と力を示します。ヘブライ語の聖書には、この物語以上に、神の自己啓示に関して説得力のある物語はありません。

イエスの聖書使用は、非常に抜け目がありません。「神がモーセ（アブラハム、イサク、ヤコブの死後、何世代も後の時代を生きた人物）に語る時、もしアブラハム、イサク、ヤコブが今も生きて元気にしているのでないなら、『わたしは彼らの神である』という現在時制を、神はどうして使うことができるでしょうか。換言すれば、サドカイ派の諸君、神がモーセに対して現在時制を使っておられるのは、彼らが死者の中から甦らされ、まさにこの瞬間も、生きて元気にしているからなのです。あなたがたは単に思い違いをしているだけではなく、友よ、大変な思い違いをしているのです」(12:27)。

イエスはサドカイ派の権威をずたずたに切り裂きます。彼は、これらのイスラエルの信仰の支配者たちが、単に聖書と神の力ある業に対する永久的な無知の状態の中にあるだけではなく、彼らの神学が破綻している、と宣告したのです。結果において、イエスは、神はサドカイ派の人々にとっては死んでおり、そして彼らがイスラエルの信仰に仕える者としてまったく不適格であると宣言していることになります。自分にとって神が死んでいる人たちには一切の権威が欠落している、ということを彼らは知るべきなのです。

見よ、仕える権威を (12:28–34)

マルコは、一人の律法学者がサドカイ派の人々とイエスの会話を偶然に聞いていた、と結んでいます。この律法学者は、イエスの回答の完全性を正当に評価し、そこで彼は、ユダヤ教の信仰の中心的な教義についてラビ〔イエス〕に質問します。「あらゆる掟のうちで、どれが第一でしょうか」(28 節)。

わたしたちは、ユダヤ教を非難したと言って、決してマルコを告発してはなりません。彼が非難していないことは、きわめて確かです。そしてわたしたちも非難すべきでないことは、きわめて確かです。1 世紀の神殿ユダヤ教の内部のさまざまな職

もっと知るには？

種々のタイプのユダヤ人宗教指導者について——
アリス M. マッケンジー『マタイによる福音書』（現代聖書注解スタディ版、宮本あかり訳、日本キリスト教団出版局、2010 年、10–11 頁）を見よ。

イエス時代の死と復活に関するユダヤ教の理解について——
ヴェルナー H. シュミット『旧約聖書の信仰——歴史』（Werner H. Schmidt, *The Faith of the Old Testament: A History* [Philadelphia: Westminster Press, 1983], 266–77）、「死」【旧約】（P.Grelot）『聖書思想事典』（384–87 頁）、「復活」【旧約】（J. Radermakers, P. Grelot）同上（730–32 頁）を見よ。

十字架刑の慣行について——
ウィリアム・バークレー『ルカ福音書』（柳生望訳、ヨルダン社、310–12 頁）を見よ。

務を非難する際に、新約聖書は反ユダヤ主義すれすれの線にまで達しています。このために、教会の多くの人々がこの縁から転落し、新約聖書の中でユダヤ人の信仰が十把一絡げに非難されていると見てきたのです。キリスト教にとってこれ以上に悲惨なことはありませんでした（し、ありえないでしょう）。新約聖書は、ユダヤ教信仰の中核となる教義をキリスト教が熱烈に受容していることを確認し、それと同時に、ユダヤ教の教義をキリスト教が引き続き遵守することを命じる視点を提供している、と言えば十分でしょう。

イエスは、この真に好奇心の強い律法学者に対して、シェマ（このように呼ばれるのは、申命記 6:4 のモーセの掟の最初のヘブライ語が、「聞け」あるいはより適切には「従え」を意味する〈シェマ〉という言葉だからです）として知られている信仰告白を使って応答しています。このユダヤ教の信仰告白は、いまでも一日の終わりに、敬虔なユダヤ教徒によって繰り返されています。イスラエルの掟のこの基本原則に、イエスは二番目の掟、同じく律法の中のずっと小さな掟、つまりレビ記 19 章 18 節の「自分自身を愛するように隣人を愛しなさい」という掟を融合します。ここでイエスは、わたしたち人間の相互関係を、神の主権と同じ聖なる軌道に引き上げます。この概念は、深くユダヤ教の核心に根ざしているのに、イスラエルのこれらの特にいい加減な聖職者たちによって見過ごしにされてきたのです。

この律法学者は、イエスの賢明さに恍惚として、さらに二つの聖書の主張——「ほかに〔神はい〕ない」（イザヤ書 45:5、ダニエル書 3:29、ヨエル書 2:27）と「これはどんな焼き尽くす献げ物やいけにえよりも優れている」（ホセア書 6:6、ミカ書 6:6−8）——を使って、しゃべり立て始めます。これらの二つの聖書の主張が、預言者文献——ヘブライ語聖書の一部ではあるが、サドカイ派の人々が権威を認めていない部分——を含んでいるということに注目してください。音叉のように、イエスは律法学者の賢明さと共鳴し、彼に最高の賛辞を与えます。「あなたは、神の国から遠くない」（マルコ 12:34）。

> 「われわれは、イエスの命の賜物の中に『多くの人々のためのあがない』を見るときのみ、偉大な戒めについての彼の言葉を聞くことに耐えられるのである。だが愛は愛を呼び起こすので、十字架は、その戒めを忘れさせてしまうどころか、かえってそれを強めるのである。われわれのために命を与えてくださった方に、われわれはどのように答えたらよいのであろうか」——ウィリアムソン、現代聖書注解『マルコによる福音書』368−69 頁

マルコは、霊的な権威を示すこの高潔な実例を使って場面を締めくくっています。この熱心な、無名の律法学者は「マルコにおいて肯定的に言及されている唯ひとりの律法教師」（ウィリアムソン、現代聖書注解『マルコによる福音書』361 頁）となります。通りがかりにその議論を、何気なくふと耳にしただけなのに、彼は謙虚にそして豊かに、彼自身が、「権威の性質とは何か」という 11 章 28 節のユダヤ人評議会の元来の質問に対する、生きた回答であることを示しています。

「権威の性質とは仕えることであり、それは神と人への愛に仕えることである。宗教指導者たちには、これより高い権威は与えられていない」とイエスは言います。

? さらに深く考えるための問い

1. この単元(ユニット)は、イエスと彼の時代の宗教的体制との間の緊張を扱っています。もしイエスが教会を訪れることになるなら、今日どのような緊張が生じるでしょうか。
2. 人はどのようにして権威を得るのでしょうか。今日、権威の源泉は何でしょうか。人々はどのように、宗教を権威として用いるでしょうか。イエスは、彼の権威がどこに根ざしていると主張していますか。
3. イエスは、復活についての論議に応じる中で、復活の時には天使のような存在になると語っています。あなたは、それが何を意味すると思いますか。あなたは、自分が復活について話す時、どんなイメージを使いますか。
4. この箇所は「あなたは、神の国から遠くない」(12:34)という断言で終わっています。これは、わたしたちの多くが聞くことを熱望するであろう言葉です。律法学者の行いで、彼を神の国から遠くない存在にしているのは何でしょうか。律法学者が肯定されたのは、彼がイエスの答えに同意したからですか、それとも、彼(律法学者)がすでに愛に付随する犠牲を正しく払っていたからでしょうか。あなたはなぜそう思いますか。

マルコによる福音書 13章1－37節

秘密(ミステリー)は駆り立てる

地上におけるイエスのこの最後の一週間の密集した出来事の中で、わたしたちは、魅了されるような箇所に到達します。おそらく全新約聖書の他のどの箇所にもまして魅力的でしょう。この箇所が魅力的なのは、イエス・キリストの公生涯の最後の一週間が魅力的だからです。マルコがこの週の物語を語る時には、その残虐行為を示さずにはいられません。この章は、マルコの照明弾です。この箇所で彼は、わたしたちの知っているようにその後の人類の歴史を通して教会に揺さぶりをかけ、教会を目覚めさせておくようにと試みます。

わたしたちに衝撃を与えるために、イエスは、奇妙な語彙、口調、思考の枠組みを用いたまったく新しい語り方で語ります。わたしたちはショックを受けて、すべての無気力とまどろみから目覚めるように、求められます。時は迫っています。神の子イエス・キリストに対する裏切りは、もう時間の問題です。わたしたちは、この時点までずっと、イエスの後に従ってきました。彼は今ほど、わたしたちが目覚め、油断なく気を配っていることを必要としたことがありませんでした。すべてが危機に瀕しています。

一方では、この途方もない箇所に関する教会の扱い方は、間違いの喜劇を引き起こしてきました。他方、それに対して最も

いちじくの木から教えを学びなさい。

異様な解釈がなされた時期にさえ、教会は、キリスト者の生活の適切な姿勢が、平和的な緊急性をもつと説明してきました。この文献の性質は、このようなものなのです。わたしたちは、この奇妙で驚くべきテキストへの忠誠心をもう一度取り戻すことにより、この世界の終わりに関するいかなる確信をも棄てましょう。しかし熱情は持ち続けましょう。それが、わたしたちの自覚を維持してくれるでしょう。

裁きの態度も棄てましょう。おそらくいかなる新約聖書の記事も、マルコによる福音書13章以上に（教派間の裁きは言うまでもなく）キリスト教徒の間に多くの裁きを産み出した記事はないでしょう。もちろんキリスト者の兄弟姉妹が、イエスの再臨の正確な日や時刻を熱心に広めることは信仰的なことではありませんが、兄弟姉妹が熱心であることは信仰的なことなのです。他方、キリスト者の兄弟姉妹が、退屈で怠惰な生活を送ることは信仰的なことではありませんが、兄弟姉妹が終わりの時について過度の詳細をもとめるのを控えることは信仰的なことなのです。ウィリアムソン（現代聖書注解『マルコによる福音書』376–77頁）は、この章が教会内に作り出す潮衝〔潮流がぶつかり合って引き起こす激流〕を的確にとらえています。

マルコ13章は、世界の終末に魅了される人々にとってよいあさり場になる箇所である。それは、最後の審判を語る者の著書やこの世よりも来世にもっと関心をもつ伝道者の説教に目立つ。他方この章は、合理主義者や活動家たち、また進歩を信じる人々によってほとんど無視される。また

> 多くの人々は、世の終わりに夢中になることを人間の成長段階の少年期のもの、あるいは平衡感覚を失った心の脱線によるものであるとして捨て去っている。

この箇所は非常に特異であるので、さまざまな名前を与えられてきました。マルコによる福音書13章は、共観福音書の黙示録（the Synoptic Apocalypse）あるいは小黙示録（the Little Apocalypse）と呼ばれることがあります。「黙示録（apocalypse）」という言葉は、「おおいを取ること」すなわち「啓示」を意味するギリシア語の音訳です。「小」は単に、それがヨハネの大黙示録——わたしたちがより一般的に「ヨハネの黙示録」として知っている新約聖書の一巻——と比較して、時の終わりについての小型の啓示だということを示しています。13章はまた、イエスの終末論的説教（Eschatological Discourse）と呼ばれることもあります。「終末論（Eschatology）」という言葉は、最後を意味するギリシア語に由来しており、既知の世界の終焉に関する思想の歴史を研究する神学の一領域と規定されています。

終末論的説教という呼び方によって、わたしたちは、13章の文脈と構造をこの章の意味と目的を理解する鍵として強調するように導かれます。わたしたちはすでに、マルコが、13章をちょうど「過越祭と除酵祭の二日前」（14:1）という緊張感の密集している位置に配置していることを指摘しました。イエスと弟子たちが、時の終わりまで引き裂かれることになるのは、もう時間の問題です。ウィリアムソン（現代聖書注解『マルコによる福音書』378頁）は、この箇所がイエスによる「マルコでは最も長い連続的な話」を構成しており、それ自体、弟子たちへのイエスの別れの説教、つまり最後の言葉として機能していると指摘しています。実際、この説教全体は、弟子たちと彼らの師が最後に神殿を出たすぐ後に、神殿から500ヤード〔約

460 メートル〕も離れていないオリーブ山で語られており、強く心に訴えかけてきます。イエスと十二人は、神殿からオリーブ山に移動します。時の終わりについての最後の訓戒のためです。

この箇所の全体的な構造をつかむことが、最も重要です。しばしば読者は、このやぶの中に向こう見ずに飛び込んで、そして永久に道に迷ってしまいます。むしろわたしたちは、厄介な細部の記述の中に飛び込む前に、少しの間、その縁に立ってみましょう。もしわたしたちに忍耐があるなら、この章の構造が、弟子たちの単純な質問（13:4）とイエスの長々とした答え（13:5–37）によって成っていることを理解するでしょう。13 章の構造のもつより手の込んだ要素は、イエスによって「見る」という動詞が 5 回繰り返して使われていることです。それは、この会話の始まりに疑問のかたちであらわれ（13:2）、次いで「見なさい」〔つまり「気をつけていなさい」〕と命令形で 4 回あらわれます（13:5、9、23、33）。この「見る」という動詞は、マルコ 8 章 22 節–9 章 1 節における弟子の模範としてのベトサイダの盲人（単元(ユニット) 5 を見よ）を想起させます。わたしたちは、イエス・キリストの弟子が単に「目が見える」ようになって、ぼんやりとかすんだ真理を最初に見るだけではないことを覚えています。弟子とは、主の手の中ですべてのものが「見える」（焦点が合う）まで、「見通そう」と努力するものなのです。終末が近づくにつれて、イエス・キリストは、自分たちの視力という賜物を熱心に働かせる信従者を求めて声を上げます。

> 「イエスは『従って来なさい』と言った、その同じ弟子たちに対して、今イエスは『気をつけなさい！』という命令をつけ加える」――ウィリアムソン、現代聖書注解『マルコによる福音書』378 頁

最後の、そしておそらく最も重要なことは、わたしたちがこのテキストを、終末に関するその歴史的詳細を知るためという

よりも、終末が与える情緒的な刺激をえるために読むことです。イエスがはるかに興味をもっているのは、その生き方によりこの世界における神の主権的支配を確信をもって証しする弟子たちなのです。誰が、何を、いつ、どこで、なぜ、どのように、ということについて、聖句を用いて証明することに、自分自身が熟練しているとうぬぼれている弟子たちではないのです。イエスは、弟子のあり方の芸術的イメージを示しています。彼は、最後の日に向かう分析的な行程表をざくざくと踏みつけて前進しているのではありません。

こういうわけでイエスはその説教を、「見る」(13:2、5、9、23、33〔新共同訳では5、9、23、33節はすべて「気をつける」〕)、「慌てる」(13:7)、「取り越し苦労をする」(13:11)、「耐え忍ぶ」(13:13)、「気をつけて、目を覚ましている」(13:33)、「目を覚ましている」(13:34、35、37) といった、感情のみなぎる動詞で満たしています。愛する弟子たちとのこの最後の交わりにおける彼の主要な目的は、情報や知識や詳細を伝えることではなくて、静かな、辛抱強い、勇気ある忍耐につながる創造的刺激(インスピレーション)を与えることなのです。マルコによる福音書13章は、困難な時機を生きる教会への矯正的な力をもった希望の言葉です。要するに、これはキリストの弟子の特徴を描いた、イエスによる印象主義的な傑作なのです。わたしたちは、自分の神学的想像力にマルコ13章から十分な影響を受けるまでの間、その前に立たなければなりません。

表面上、イエスの告別説教は、彼の一行が神殿から出てきた時に弟子たちと交わされた短いやり取りから生じています。弟子たちは単純な質問をし、イエスは長い答えを返します。

1–2節　最初のやり取り
3–4節　弟子たちの質問「いつ起こるのですか。どんな徴(しるし)があるのですか」。
5–37節　イエスの答え「目を覚ましていなさい。神だけが知っておられます」。

表面下を見ると、イエスの告別説教の内容は、三つの勧告的要素の混合体として形成されています――つまり予言、約束、命令です。

予言　「あなたがたは惑わされる」(13:5、6、22)、「あなたがたは引き渡される」(13:9、11、12〔新共同訳は「追いやられる」〕)、「あなたがたは打ちたたかれる」(13:9)、「あなたがたは権威者に対して証しをする」(13:9)、「あなたがたは裁判にかけられる」(13:11)、「あなたがたは憎まれる」(13:13)、「あなたがたは比類のない苦難を知る」(13:19)。

約束　「神が混乱（カオス）を支配する」(13:7)、「終わりが来るだろう」(13:7)、「福音があらゆるところで宣べ伝えられなければならない」(13:10)、「聖霊が与えられ、聖霊が語る」(13:11)、「耐え忍ぶ者は救われる」(13:13)、「主は選んだ者たちのために、その期間を縮めてくださっている」(13:20)、「わたしはあなたがたに一切の事を話してある」(13:23)、「あなたがたは人の子が来るのを見る」(13:26)、「人の子は選ばれた人たちを呼び集める」(13:27)、「あなたがたはその時を悟りまた知る」(13:29)、「わたしの言葉は決して滅びない」(13:31)。

命令　「気をつけていなさい」(13:5、9、23、33)、「慌ててはいけない」(13:7)、「心配してはいけない」(13:11〔新共同訳「取り越し苦労をしてはならない」〕)、「祈りなさい」(13:18)、「偽りにだまされてはならない」(13:21)、「学びなさい」(13:28)、「気をつけて、目を覚ましていなさい」(13:33)、「あなたがたの務めを果たしなさい」(13:34)、「目を覚ましていなさい」(13:34、35、37)、「眠ってはならない」(13:36)。

弟子の特徴(13:5−37)

この拡大された複合的な説教に関する各節ごとの注解を行うよりも、主人であるイエス・キリストがわたしたちのために描いているキリストの弟子の特徴を素描してみましょう。

心の問題

イエス・キリストの弟子は、制度的宗教の皮相的な壮大さに、感心すべきではありません。弟子のもつこの重要な特徴は、このテキストを扱う際にしばしば軽視されますが、しかしそれがイエスの関心の一部であることは確かなのです。イエスの口から出る言葉の中で、13章2節の神殿の建築物に魅了された弟子たちの態度に対する彼の応答以上に、断固として述べられた宣言はないかもしれません。彼らが、最後に神殿境内を出て行く時、すっかり心を奪われて、イエスに向かって「先生、御覧ください。なんとすばらしい石、なんとすばらしい建物でしょう」(13:1)と言うと、イエスは、きっぱりと強い否定で返答しています。文字通りには、「〔これらの大きな建物を見ているのか。〕一つの石もここで崩されずに他の石の上に残ることはない」(13:2)。イエスは、彼の弟子たちが制度的宗教のもつ外見上の強い印象によってどれぐらい心をそそられているかに鋭く気づいています。制度的宗教は、建物や予算や組織のような外的要素が、内的な信仰的忠実さを証明している、と誇っています。ここでイエスはしっかりと彼の弟子たちに、弟子であるかどうかは無形のものによって測られるということを想起させます。それは、消え失せることなく、使い果たされることもなく、人気によって測定されることもない性格なのです。

今日の問題

イエス・キリストの弟子は、終わりの日の細部に夢中になるべきではなく、今日に対して忠実に仕えなければなりません。終わりの日が〈いつ〉そして〈どのように〉ということに関する弟子たちの問いに対して、イエスは、「気をつけていなさい」、そしてこれらの日々のことで「慌ててはいけない」(13:5−7)と答えます。13 章 32−33 節――そこでイエスは彼らの初めの質問に明確に答えておられます――においてさえ、彼の強調点は、「気をつけていなさい」そして「気をつけて、目をさましていなさい」と彼が語る現在の上にあります。イエス・キリストの弟子たちは、来るべき天国の出来事によって容易にあおりたてられてはならないのです。それは、彼らが断固として、地上の現在の問題に集中すべきだからです。ウィリアムソン(現代聖書注解『マルコによる福音書』384 頁)は、キリスト者が終末論を専門的に論じる際に、この世から逃避する危険性を強調しています。「日と時を定める者たちは、ひとり子よりも知っているふりをするだけでなく、しばしばこの世に対する責任の意識をほとんどもたず、終末のことに心奪われて世俗に超然として世の破滅を待っている」。

この最後の説教において、イエスは、弟子たちが地上における神の支配を未来に投影し――それをこの世の時代が終わりを迎える時の未来の出来事として留保しておき――そして、神が今ここにおいて、つまり今日支配しておられるという事実を見落とすのを懸念しています。イエスはこれらの弟子たちと共に生活をしてきたので、彼らが神のタイミング（神中心の〈カイロス〉13:33）よりも、むしろ、時計のカチカチという音（人間中心の〈クロノス〉）によって生活の手はずを整えるという彼らの性向をよく知っているのです。イエスは、弟子たちが直線的時間の専制から自由になり、神が選ばれる時はいつでも、どこでも、どのようにでも、神の介入に応じられる者となることを求めています。さらに、彼は、弟子たちの足がこの地上にしっかりとおろされること、来るべき新しい大地にむなしく蛙跳びで向かっていくのではないことを求めています。責任を遂行する力をもつ弟子たちが〈今ここに〉を真剣に受け止めるのは、〈今ここ〉こそが自分たちの創り主の支配しておられる領域であると理解するからなのです。

はっきりと見えるという問題

イエス・キリストの弟子は、知識よりも識別する力を重要視しなければなりません。別の言い方をすれば、イエス・キリストの弟子にとって、知識とは識別力であり、すなわち物事をはっきりと見る恵みに満ちた能力のことです。おそらくこの説教の最も注目に値する次元は、イエスが彼の弟子たちの信仰内容に対して懸念をもっておられず、彼らの認識の深さについて圧倒的な懸念をもっておられるということです。イエスの念頭からは、偽りに対する彼の弟子たちの脆（もろ）さが、ほとんど去らないように見えます。彼は、人々が――キリスト者である人々が――自分を、またはある人をメシアであると称する偽の主張（13:6、21）によって弟子たちを惑わ

「これらの人々とは対照的にマルコのイエスは、命令を与えてわれわれをここに残した主人によって負わせられている責任について語るのである」――ウィリアムソン、現代聖書注解『マルコによる福音書』384頁

し、偽キリストと偽預言者がその呪術（13:22）によって彼らを誘惑すると警告を発しています。再び、わたしたちは、イエスにとって弟子であるということは、事実ないし教理の蓄積であるよりは、むしろ物の見方であるということを理解します。それゆえイエスは、この説教を認識に関係する動詞で満たしているのです。「見る」（13:5、9、23、33〔新共同訳ではすべて「気をつける」〕）、「悟る」（13:14、29）、「見分ける」（13:14〔新共同訳「見る」〕）、「観察する」（13:26〔新共同訳「見る」〕）、「分かる」（13:28）、「認識する」（13:28、29〔新共同訳「見る」〕）、「注意する」（13:33〔新共同訳「気をつける」〕）、「目を覚ましている」（13:34、35、37）。知識内容については、イエスは、弟子たちが彼らの必要とするすべてをすでに持っていることを強調します。「一切の事を前もって言っておく」（13:23）。あるいは彼は、弟子たちが危機の時に必要とするすべてものが彼らに与えられることを保証しています。「そのときには、教えられることを話せばよい。実は、話すのはあなたがたではなく、聖霊なのだ」（13:11）。弟子たちは、本物と人工のものとを区別しなければなりません。

究極的な信頼の問題

イエス・キリストの弟子は、神が地上の苦難のただ中で支配しておられるのを見て、神が主権者であることを知らなければなりません。それゆえ弟子たちは、神の創造から生じる激動に驚かないのです。なぜなら、彼らは、神がつねに苦難の中におられ、主権をもって産みだしておられる（「産みの苦しみ」13:8）ことを信じているからです。このことは、イエスが世界の葛藤の描写に、どうして慰めの言葉を織りまぜているのかを説明します。戦争、国際的および大陸間の対立、地震、飢饉（13:7−8）、まったく前例のない苦難（13:19）、宇宙的崩壊（13:24−25）が

──わたしたちが知る現実世界の消失さえ（13:31）──起こるでしょう。しかしそれでもなお、イエス・キリストの弟子は、神の主権的な支配を識別し、その中で安心していることができるのです。キリストの弟子は、神ないし神の民が長期にわたる危険に瀕しているという不安を、信仰をもって鎮圧するでしょう（13:7、11）。イエス・キリストの弟子は、苦難が最も激しい時に、神の契約的配慮を信頼しようと努めます。こういうわけでイエスは、被造世界の産みの苦しみに関する彼の描写が最も強烈になるまさにその時、イスラエルの契約的自己理解（「選ばれた人たち」）を三回も引き合いに出しているのです（13:20、22、27）。彼は教会に、さまざまな目に見える現象にもかかわらず、神が依然として世界を支配しておられると語って安心を取り戻させています。弟子たちは、神の摂理に対する深い理解を特徴とするのです（イエスは〈デオー〉という「摂理的な必然性をあらわす動詞」を三回用いています。13:7、10、14）。

> 「動乱と苦難のただ中で、人々はしばしば、神がいないとか、神が彼らを見捨てたとか、歴史は結局のところでたらめな計画のないものだ、という恐れに満たされるのです。マルコのイエスは、あらかじめ弟子たちに向かって、神がおられること、また苦難のただ中でさえ働いておられることを断言することによって、このような恐れを鎮めようと努めるのです」──ミッツィ・マイナー『マルコ福音書の霊性』（Mitzi Minor, *The Spirituality of Mark*, 68）。

焦点をもった忍耐という問題

イエス・キリストの弟子は、どんな困難にも負けず、教会の本質的な使命に焦点を合わせなければなりません。実際、弟子たちに困難がやってくるのは確実です。しかしこれらの困難によって、弟子たちは、自分たちがそのために召された使命の遂行を躊躇したり、思いをそらしてしまうことがあってはなりません。この使命は、マルコ福音書では一貫して、イエス・キリストにおいて実現される神の地上における支配という良き知らせの種を蒔くこと、また神の創造世界における悪との戦いとして定義されています（3:14–15）。何ものによっても弟子たちは、自分たちの使徒的召命から思いをそらしたり、その価値をおとしめたり、逸脱したりさせられてはなりません。裏切りも、身体的虐待も、政治的専制も（13:11）、家族の分裂も（13:12）、公的な迫害も（13:13）、弟子たちが、君主や権力者の前で証言するのを阻止したり（13:9）、すべての国民にイエス・キリストにおける神の恵みの支配についての喜びの知らせを宣教することを止めさせることはできません（13:10）。イエス・キリストの弟子たちは、仕事を割り当てられた僕のように、粘り強く自分の仕事に心を配り、門番のように、その家の主人が旅に出ている間、目覚めて番をしているようにという命令に謙虚に従うのです（13:34–35）。弟子たちは、終わりまでの断固とした忍耐を彼らの特徴とするでしょう（13:13）。

> 「マルコ 13 章は、あまりにも多くのことを期待する人々と、あまりにも少なくしか期待していない人々に語っている。この章は、何かを期待することを全く忘れてしまった人々にとって、特にふさわしい箇所である」――ウィリアムソン、現代聖書注解『マルコによる福音書』387 頁

謙虚さの問題

イエス・キリストの弟子というものは、謙虚なのです。謙虚さは、新約聖書におけるキリスト者の性格を示すまさに品質証明です。わたしたちは、イエスが、ご自分の告別説教の中のいくつかの箇所で、これを強調して語るのを聞きます。弟子というものは、自力本願ではなく、危機に瀕して聖霊に依存します（13:11）。弟子は「すでに」知らされていることの妥当性を信頼しているので、必死にあるいは尊大により多くをつかみ取ろうとしません（13:23）。弟子は神から支配権をもぎ取ろうとするのではなく、約束したことをすべて成就する神の力に頼りま

す（13:30−31）。そして弟子は、神のみがご存じであることを知らないということに満足します（13:32、33、35）。真の弟子たちは、永遠の秘密の大広間の高座を所有しようとする、自分たちの自我の要求を抑えなくてはなりません。教会は、万物の主の僕としてまた執事として任命されたことに、当惑してはなりません。

結局、13 章を黙示文学として説明することは、誤解に導くものです。かつてイエスと終末に関する黙示文学的伝承であった可能性のあるものが、マルコの手によって変形されて、神の国についての伝承となったのです。黙示文学と神の国の文学は、きわめて重要な点で異なっています。『インタープリターズ・ディクショナリィ・オブ・ザ・バイブル』（*The Interpreter's Dictionary of the Bible*）において、マーティン・リストは、人類史の各々の時代について黙示文学は一般に悲観的であると説明しています。なぜなら、わたしたちが知る世界は、完全にサタンの手中に落ちているからです。世界はそのものとしては救済不能なのであり、人間が果たす役割はほとんどないのです。「すべてが、期待される神の介入を待っている」（リスト、p. 161）。黙示思想がこのように理解される時、マルコによる福音書 13 章は伝統的な黙示文学として解釈されることに徹底的に抵抗します。

> 「黙示録は、わたしたちを正常な意識に立ち返らせることを意図している。それによってわたしたちは、古い廃墟から築く新しい生活において何が可能なのか、冷静に——そしてふつう痛みを伴いながら——一瞥することができるようになる」——キャスリーン・ノリス『アメージング・グレイス——信仰の語彙』（Kathleen Norris, *Amazing Grace:A Vocabulary of Faith* [New York: Riverhead Books, 1998], 321）。

黙示文学とは対照的に、神の国の文学は、理解しがたいほど楽観的で、わたしたちの知る世界と人類史上の各時代が、実際に物理的そして霊的な王国を構成している、ということを強調しています。その王国では、サタンの活動は存

もっと知るには？

黙示文学と終末について——
ウィリアム・バークレー『最後のトランペットがなる時——イエス・キリストと終末』（William Barclay, *At the Last Trumpet: Jesus Christ and the End of Time* [Louisville, Ky.: Westminster John Knox Press, 1998], 1−17, 85−93）、「黙示文学」（小河陽）『聖書学用語辞典』（353–54 頁）、「終末論（新約）」（土戸清）同上（163-64 頁）を見よ。

神殿の重要性について——
R. E. クレメンツ、 現代聖書注解『エレミヤ書』（佐々木哲夫訳、日本キリスト教団出版局、1991 年、72–75 頁）を見よ。徹底的な専門的議論については、ホルスト・デートリッヒ・プロイス『旧約聖書神学』 第 2 巻（Horst Dietrich Preuss, *Old Testament Theology*, vol. 2, Old Testament Library [Louisville, Ky.: Westminster John Knox Press, 1996], 39−51）、「神殿」（守屋彰夫）『聖書学用語辞典』（188-89 頁）見よ。

在するにもかかわらず、神が最高の主権を掌握しています。さらに、神の民は王国の市民であり、神によって王国の中に救済的な変革をもたらす行為主体として権限を与えられているのです。明らかに、これらの強調点は、13 章の性質およびマルコ福音書の軌道全体とよりいっそう首尾一貫しています。マルコ神学の基調音——「時は満ち、神の国は近づいた」（1:15）——は、次のようなマルコの圧倒的な確信を鳴り響かせます。つまり、イエス・キリストの人格において、神がわたしたちの知っているこの世界にすでに介入し、能動的に現存しつつ歴史上の今この時代を変革している、という確信です。マルコは、この確信が単に楽観論を支持するための根拠であるだけではなく、喜びと満足を支えるための根拠でもあると信じています。今は世界に対する無感動に耽る時ではなく、心に平安を保ちつつ緊迫感をもって、たゆむことなく弟子として生きるべき時なのです。

こうしてわたしたちは、当惑させるようなイエスの小黙示録が、実際には、地上に来るべき神の国についての希望から生まれる慰めの言葉である、ということを理解するのです。イエスの目的は、その出発の前夜に、自分の弟子たちの信仰を強固にすることです。わたしたちがこの（神殿の）丘での霊感に満ちた最後の説教を、退屈な終末論的な詳細の宝庫に矮小化してきたことを知ったら、イエスはどれほど狼狽するでしょうか。ここに含まれている宝物は、将来のためにしまっておかれることを意図されているのではなく、すぐに使われるべきものです。それは「現在において弟子としての存在を強める」ために、「偽り者のたくらみに対して武装する」ために、「耐え忍ばなければならないどのような苦しみや迫害の中でもわれわれを支える」ために、「福音を宣べ伝え続けるようにとわれわれを刺激する」ために、そして「人の子の介入のもとにそれぞれの時を置くことによって、平凡にめぐってくる日々の生活を高尚にし、また相対化する」ために使われなければならないのです（ウィリアムソン、現代聖書注解『マルコによる福音書』387 頁）。

? さらに深く考えるための問い

1. マルコ福音書全体のテーマは、目を覚まして、気をつけていることでした。この命令によって、イエスは何を意味していたのでしょうか。信仰者は、どのように、またなぜ、目を覚ましていなければならないのでしょうか。
2. この福音書のもう一つのテーマは、神（あるいは父）が支配しておられるということの意味でした。この箇所（マルコ 13 章）は、神の力と摂理をどのような実例を使って説明していますか。
3. 終わりの時の徴（しるし）のいくつかが、7–8 節に描かれています。戦争と地震はこれまで何世紀もの間ずっと起きていましたから、あなたは、これらの主張と、まだあなたの経験していない終末とを、どのように調和させますか。
4. マルコ 13:35 は、単に目覚めているというマルコ福音書の主題を継続しているだけでなく、やがて到来するある出来事を予示しています。マルコ福音書の残りの記事を知っている訳ですから、あなたはこの節とイエスの受難および復活（マルコ 14:32−16:2）との間にどんな接点を見いだしますか。

マルコによる福音書 14章53－72節

秘密（ミステリー）が見捨てられる

弟子としての誠実は、ひとえにイエス・キリストの善性と憐れみにのみ基づいているのであり、わたしたちの労苦という武勇に基づいているのではない、ということにいかなる疑いをも残さないために、マルコは、わたしたちにペトロの破綻を提示します。

この二幕からなる場面で、マルコは、イエス・キリストと弟子ペトロの人物像を対比することによって、わたしたちに息をのむほどの驚きを与えるのです。イエスはユダヤ法院の裁判の場に立っています。そしてペトロは、女中の裁きの前に立っているのです。ダイヤモンドと砂岩のように、マルコは、主と弟子を回転ドラムにかけます。一方は輝きを増し、他方はわたしたちの見る前で、崩壊していきます。ウィリアムソン（現代聖書注解『マルコによる福音書』424頁）はこれらの二つの人物の素描が「双子の星のように相互に関連している」――つまり「それぞれの行動は……他方の行動とは正反対の性質を示しているという観点から理解するのが最もよい」――と主張します。これは、勇気と臆病さを同時に提示する文学の典型的な場面です。

直前の箇所――つまりイエスの告別説教（13:1−37）――において わたしたちは、マルコが、教会の宣教が緊急性を帯びているという事実を突きつけてわたしたちに衝撃を与えるために、イエスの語り方を変えたと言いました。イエスの言葉は恐ろしい黙示文学的イメージに満ちていましたが、イエスの真の動機は、苦闘している弟子たちに希望を伝えることにありました。一部の説教者たちがイエスの言葉を使ってするように、弟子たちを死ぬほどの恐怖に陥れることではないのです。8 章 27 節以後、マルコは、弟子ではない人々に対するイエスの宣教活動の比重を軽くする一方で、十二人の弟子たちに対するイエスの牧会的指導を強調しています。イエスは彼らを自分の旅立ちに備えさせてきたのです。

このような準備期間のすべての瞬間には、自分自身を武装しようと内向きになっていく誘惑があります。マルコは、会衆の中に、自分を捨てて十字架を担うようにというイエスの恵みに満ちた命令を〔努力によって勝ち取られる〕「月間最優秀弟子賞」の受賞ステージに変えてしまう人々のいることをよく知っています。ことによるとマルコは自分自身、弟子であることは啓発された自己努力によって達成されるという誤解の餌食になったことがあり、苦痛を経て自縄自縛から脱却し、明るい恵みの陽光の中に戻った経験があるのかもしれません。

マルコは、勇気と臆病の同居するこの場面を、マリネ風に調理して、その悲哀を誇張したのです。わずか数節前のゲツセマネの園に戻ると、イエスは、弟子たちに内面の力が欠けていることを率直に語り、預言者ゼカリヤの言葉を引用することによって、彼らの失敗の予告を強化しています。「あなたがたは皆わたしにつまずく。『わたしは羊飼いを打つ。すると、羊は散ってしまう』と書いてあるからだ」（マルコ 14:27）。再びペトロは自分の師にすぐさま答えて、自分は他の人たちとは違うと、

（弟子であるわたしたちが執拗に主張するのと同じように）強く主張します。「たとえ、みんながつまずいても、わたしはつまずきません」（14:29）。イエスはペトロに向かって当惑するほど容赦なく語ります。「はっきり言っておくが、あなたは、今日、今夜、鶏が二度鳴く前に、三度わたしのことを知らないと言うだろう」（14:30）。しかしペトロは、ますます激しくわめき立てているだけなのです。それは彼が、自分の発言が不適切であるというこのイメージを処理することができないからです。「たとえ、御一緒に死なねばならなくなっても、あなたのことを知らないなどとは決して申しません」（14:31 強調付加）。ペトロは、そこにいた全員を味方に引き入れるような情熱をもって語ります。なぜならマルコは、次のように伝えているからです。「皆の者も同じように言った」（14:31）。

しかし弟子たちの言葉は、自分たちの行動の評価を誤っています。その夜のイエス逮捕の直後にそれが明らかになります。マルコは、「弟子たちは皆、イエスを見捨てて逃げてしまった」（14:50）と冷徹に語っているからです。

ウィリアムソン（現代聖書注解『マルコによる福音書』418 頁）は、勇気と臆病というこの二重のより糸を、「神が人間の罪をどのように扱うか」という福音の告知をマルコが要約的にまとめたものと見ています。ウィリアムソンはわたしたちに、ここで、神の信実とわたしたちの不信実の間で生じる神秘的な癒しの出会いに、注意するように警告しているのです。もし使徒パウロがマルコのテキストを見るようなことがあれば、彼は、次のように言うかもしれません。つまりマルコがわたしたちに求めているのは、罪を知らない方が――わたしたちが彼によって神の義を得るために（Ⅱコリント 5:21）――恥ずかしめを受けて罪とされている姿を注視することだ、と。もしこのテキストを読みながら、絶望と喜びが衝突するのを経験しないとするなら、わたしたちはあまりにも安全な距離からそれを読んでいる可能性があります。

いつものように、マルコは、わたしたちがこのドラマの中のどこにいるのかを、忘れることを許しません。14 章が始まると、彼はすぐに、「過越祭と除酵祭の二日前」と正確にわたしたちの位置を示します（14:1）。わたしたちは、十字架の周囲の微妙な明暗の中に立っています。その上、マルコはわたしたちに、悪の牙がイエスに死をもたらそうとしてすでに鋭利なものにされたと語ります。イエスをただ逮捕するだけではもう、支配者層は満足しません。それは単に殺人の最初の段階にすぎなくなりました。「祭司長たちや律法学者たちは、なんとか計略を用いてイエスを捕らえて殺そうと考えていた」（14:1、強調付加）のです。イエスが語るメシアに関する過激な教え――「人の子は……殺されなくてはならない」（8:31）、「彼らは彼を殺すであろう」（9:31）、「彼らは人の子を侮辱し、唾をかけ、鞭打ったうえで殺す」（10:34、強調付加）という教え――は、わたしたちの前でその口を大きく開けています。それはまるで、陰府（よみ）が口を開くようです。

14 章 1−2 節においてユダヤ人の解放の祭〔過越祭〕の二日前にわたしたちを配置して以来、マルコは、次の数時間の出来事を不吉な調子で描写します。わたしたちが気づいた時には、マルコは、わたしたちをイエスの葬列の中に置いています。

- イエスは重い皮膚病の人の家の食事の席でひとりの女から油を注がれます（14:3−9）。
- ユダは宗教当局者たちと共謀します（14:10−11）。
- イエスは自分の愛する者たちと、最後の過越祭を祝います（14:12−25）。
- イエスは自分が完全に見捨てられることを予言します。ペトロは激しく反論します（14:26−31）。
・イエスは自分の弟子たちに、目を覚まして、試みにあわないように祈りなさいと諭します（14:32−42）。
・ユダはイエスに別れの口づけをします。弟子たちは敗走します（14:43−52）。

前奏曲（14:53−54）

マルコはこのドラマ全体の調子（トーン）を決定するために、ドラマの始まりで、連行されるイエスとその後について行く〔従う〕ペトロを特筆しています。これはマルコがわたしたちをからかうための皮肉（アイロニー）です。イエスはその運命によって支配されているのではなく、実は自由を保持しているのです。ペトロは自分の運命を支配していますが、実は拘束されているのです。ペトロは万全を期して、距離をおいてついて行きます。

しかしなぜでしょうか。ペトロの動機は何でしょうか。彼が後についていくのは、イエスのためですか、それともペトロのためですか。彼が後についていくのは、彼の深い思いやりからですか、それともイエスの予言が間違っていたことを証明するためでしょうか。ペトロは、「大祭司の屋敷の中庭まで」忍び込んで、「下役たちと一緒に」火にあたっていますが（14:54）、イエスのために自分の生命を危険にさらしているのでしょうか。それともペトロは、自分のためにイエスの生命を危険にさらしているのでしょうか。教会の解釈を促す、この物語の中でも、とりわけ味わい深い物語空間です。

勇気の横顔（プロフィール）（14:55−65）

まるでわたしたちを支える基礎を築くためであるかのように、

つまりわたしたちが失敗から回復する助けとなるためであるかのように、マルコは、最初に勇気のもつ横顔（プロフィール）を描きます。すなわち、宗教的な現状維持を目指す者たちによる裁判にのぞむイエス・キリストの姿です。これは教会の既成組織についても真実を明らかにする瞬間なのです。彼らは、人目を忍んで真夜中に集まったのでした。すべてのことが演出されました。イエスは、二つの告訴理由で裁判を受けることになります。つまり、国家に対する反逆罪（14:58）と宗教的な冒瀆罪（14:61－62）です。彼に有罪判決が下されれば、この既成の権力体制は、彼をローマに引き渡し、そして死刑を強要するでしょう。ユダヤ人会堂と国家の間の連合には、死を暗示する役が割り当てられています。

「この『審問』は、イエスの主張に対する誠実な取り調べではなく、むしろユダヤ教の公的な指導者たちによるイエスの主張の拒絶である。それは、この福音書が書かれた時のキリスト者たちによるイエスについての主張が拒否されたことに符合する」——ウィリアムソン、現代聖書注解『マルコによる福音書』419 頁

しかし待ってください。何かが変です。神的政治機構は、機能を停止しています。マルコは慎重に時制（ギリシア語の未完了時制）を用いて、宗教家である訴追人によって繰り返される行動を絵画的に描きます。彼がそのように描く時、この場面は、正義を嘲笑する場面にかわります。そこでは、公的な権威をもつ者たちが、真実とのすべての関係を放棄します。彼らの放棄の仕方があまりにも真面目で厳めしいので、それは喜劇的な悲劇になります。この場面では、誇張なしに、悲しむべき空騒ぎが展開されます（14:55－59）。

法院全体が、イエスを有罪にする証言をさがしていました。しかし彼らは見いだしませんでした。多くの人たちがイエスに対して虚偽の証言をしました。しかし彼らの証言は食

い違っていました。そこである人たちが立ち上がって、イエスに対して偽証を続けました……しかしこの時点でも、彼らの証言は食い違っていました。

マルコはこれらの宗教専門家をパロディー化して、彼らの権威が完全に自己生成的な権威であることを明らかにします。彼らは訴訟事実をつかんではいません、それゆえ彼らは訴訟事実をでっち上げるのです。しかし彼らはでっち上げる権威さえ欠いています。彼らは、死にもの狂いになって、でたらめなやり方で、人目をはばからず自己権力を拡大していきます。そして彼らの前に、イエスは静かに威厳を保って立っています。イエスに対する彼らの告訴は反逆罪です。しかし彼らは偽証して、イエスが自分について決して語ったことのない言葉を証言として告発します。おそらく彼らの告発は、13 章 2 節においてイエスが示した、漠然とはしているが紛れもない神殿崩壊の予言に基づいているのです。しかし彼らはイエスに恐れを抱いているので、まるで彼が個人的に神殿破壊の実行者であると主張しているかのように、イエスの言葉を言い換えます。彼らは十戒の第九戒に違反しています――つまりイエスに対して偽証をしているのです。そして、皆それを知っているのです。しかし告発はそこに宙吊りになっています。それは法廷の薄い空気よりもさらに薄っぺらです。そしてイエスはそこに立っています。平和な静けさの中に。

大祭司は法廷で展開する光景に耐えることができません。そこで彼は急に立ち上がって、イエスに尋ねます。「あなたはこの見えすいた茶番に何も答えないのか。彼らがあなたに不利な証言をしているのは、いったいどういうことなのか」。大祭司は、原告たちの愚行と被告の沈黙を目の前にしながら、不信の中に動きを奪われているように見えます。読者は大祭司の中に不協和音を感じとります。「あなたに対する正当な告発が存在しないのは明らかなのだから、それなら、あなたはいったいなぜ、何かを発言しないのか。自分を弁護しなさい。ただわたしに、ごくささいなものでもよいから、あなたの無罪を証明する一言を語りなさい」。

まさにここで、教会は立ち止まって、畏れをもってイエスの勇気を見つめなくてはなりません。個人の権利と自己決定権にこだわる現代のわたしたちの執着心という空虚な裁判官執務室の中に、イエスの沈黙は反響します。イエスには言葉で真理を擁護する必要がありません。なぜなら彼はすでに、彼の人格全体でそれを擁護してきたからです。イエスは、湖の嵐の中で穏やかに眠ることができる人物らしく（4:38）、神の御手の中にしっかりと安らいでいます。彼の沈黙は、単なる法律上の戦略ではなく、行動にあらわれた彼の信仰なのです。彼は死を恐れず、真実について口頭の防御を開始する個人的な必要をもっていません。イエスは、不必要な言葉を求める大祭司の必要にも読者の必要にも、応えないでしょう。イエスの沈黙という防御は、正義を求めるいかなる言葉の叫びよりも、大きな音量に達します。

それゆえ大祭司は、方針を変え、イエスに反逆罪で有罪を宣告しようとするのをやめ、第二の宗教的冒瀆罪の告発を提起して、尋ねます。「お前はほむべき方の子、メシアなのか」（14:61）。興味深いことにこの重大な神学的転機において、イエスは、今や、沈黙を破ります。しかしながら、もしわたしたちが彼の――「そうです」という――回答を、大祭司の質問に対して自分がメシアであると

> 「そして今、すでに彼の受難劇が進行し、イエスの主張の意味が一般に誤解される可能性ももはやない時に、彼は明白に答える。『わたしがそれである』」
> ――ウィリアムソン、現代聖書注解『マルコによる福音書』421頁

いうことを示す単純な肯定の言葉と解釈するならば、わたしたちはイエスの告白のもつ驚くべき深遠さを見失うことになるでしょう。

単元（ユニット）6における出エジプト記3章に関する先の議論で述べたように――そこではイエスが戦略上サドカイ派の人々を論駁するために、このテキストを用いています（マルコ 12:18–27）――ヘブライ語聖書の中には、「燃える柴」の物語ほどユダヤ教にとって重要な物語はありません。これはモーセに対して神が固有の神名を示す自己啓示の物語であり、それによって、イスラエルの聖なる方の性格と力が啓示されるのです。聖書におけるこの重大な瞬間は、引用する価値があります。

> [13] モーセは神に尋ねた。「わたしは、今、イスラエルの人々のところへ参ります。彼らに、『あなたたちの先祖の神が、わたしをここに遣わされたのです』と言えば、彼らは、『その名は一体何か』と問うにちがいありません。彼らに何と答えるべきでしょうか。」
> [14] 神はモーセに、「わたしはある。わたしはあるという者だ」（I am who I am）と言われ、また、「イスラエルの人々にこう言うがよい。『わたしはある』という方がわたしをあなたたちに遣わされたのだと。」
> [15] 神は、更に続けてモーセに命じられた。「イスラエルの人々にこう言うがよい。あなたたちの先祖の神、アブラハムの神、イサクの神、ヤコブの神である主がわたしをあなたたちのもとに遣わされた。これこそ、とこしえにわたしの名／これこそ、世々にわたしの呼び名。」
>
> （出エジプト記 3:13–15）

多くの人々が、イスラエルの神が固有の名前を持っていることを理解していません。神の固有の名前は、四つのヘブライ語の子音 YHWH から成っています。それはあの日、燃える柴の中からモーセに啓示されたものです。これらの四つの子音は「テトラグランマトン（Tetragrammaton）」（字義通りには「四文字の」）と呼ばれます。そしてこの四つの子音は、ヘブライ語の最も神聖な言葉を構成します。それは今日に至るまで、すべての伝統を厳守するユダヤ人たちによって、絶対に言葉にしてはならないと考えられてきました。（〈アドナイ〉つまり「主」という言葉が、読んだり翻訳したりする際に、それの代用とされます。）YHWH という名前は本質的に翻訳不可能であるけれども、それは形の上で通常のヘブライ語動詞「～である／いる（to be）」（ハヤー）に非常に類似しており、この単語は時制理解によっては「～になるだろう／いるだろう（will be）」と翻訳することも可能なのです。実際、わたしたちが上記の出エジプト記 3 章に見るように、出エジプト記 3 章 14 節で、「彼の」名 YHWH を動詞「～である／いる（to be）」と密接に結びつけているのは、神ご自身にほかなりません。信頼できる英語訳は、この神聖なヘブライ語の〈テトラグランマトン〉があらわれる時はいつでも、「主」（LORD）を大文字表記することによって、わたしたちに知らせてくれます。

> 「目隠しをすることは、この囚人〔イエス〕を監視する者たちが、目隠し遊び〔目隠しした鬼が、つかまえた者の名前をあてる遊び〕という悪意に満ちた遊びに興じたことを示しています。イエスはこの遊びの犠牲者だったのです」――ヘア『マルコによる福音書』（Hare, *Mark*, Westminster Bible Companion, 202）。

大祭司がイエスに「お前はほむべき方の子、メシアなのか」（マルコ 14:61）と尋ね、イエスが「そうです」（I am）と応える時、彼はイスラエルの「主」の固有の名前を思い起こさせ、それとともに、神の人格（ペルソナ）とその人格（ペルソナ）のもつ威厳と力を思い起こさせるのです。これは、ユダヤの最高法院にとって笑いごとではありません。マリアとヨセフの長男イエス――ナザレ出身の木工職人――その人が、神聖なるアイデンティティの持ち主とは！　ついに一線を越えました。

大祭司が自分の服を引き裂いて、「冒瀆だ」と絶叫しても、なんの不思議もありません。最高法院（サンヘドリン）全体が満場一致で十字架に賛成投票をしても、なんの不思議もありません。ユダヤ人指導者の中に、唾を吐きかける者がいても、目隠しをする者がいても、殴りつける者がいても、嘲笑する者がいても、なんの不思議もありません。ローマの衛兵さえもが、それに参加して、彼を打ちたたいても、なんの不思議もありません。

臆病の横顔（プロフィール）（14:66－72）

イエスが法廷の中で大祭司の前に立っている時、ペトロは法廷の外で大祭司の女中の前に座っています。わたしたちはペトロの動機について何も知りません。わたしたちが唯一知っているのは、彼が火にあたって自分の体を温めているということだけです（14:54、67）。彼は捕らえられたイエスから距離をおいて「遠く離れて」そこに忍び込み、衛兵といっしょに座っているのですから、わたしたちはそこに臆病を感知するのです。それとも、それはペトロの抜け目なさでしょうか。あるいは、それが勇気だということもあるでしょうか。なぜ彼は、後をついてきたのでしょうか。なぜ彼は、人々の中に混じっているのでしょうか。いったい彼は、何を成し遂げたいと思っているのでしょうか。わたしたちは少し期待をもちます。

女中はペトロを目にすると、じっと彼を見つめます（14:67）。なぜでしょうか。ペトロの何が彼女の注意をひいたのでしょうか。彼女は――確かにユダヤの女である彼女は――ローマの警備隊のただ中にユダヤ人がいることに注意を引き寄せられたのでしょうか。彼女の注意をひいたのは、ペトロの着ていた移住労働者が着るような着衣でしょうか。火で照らされたペトロの顔の表情の中に、何か注目すべきものがあったのでしょうか。彼女は凝視します。わたしたちはまだ期待しています。

そして彼女は、識別します。彼女はペトロを識別します、そして彼女はイエスを識別します。彼女はペトロを、ペトロとイエスとの関係によって識別します。そして彼女はイエスの故郷ナザレによってイエスを識別します。英語訳では明らかではありませんが、彼女は、ペトロをイエスのそばを離れなかった人として的確に識別します。「おや、あなたは以前イエスと一緒にいた人ですね」。彼女はささやいているのでしょうか。それとも、声を上げて告発しているのでしょうか。彼女は同情的なのでしょうか。それとも、厳しく追及しているのでしょうか。

わたしたちには、わかりません。ペトロ自身は知っているのでしょうか。おそらく彼女の気持ちなどペトロは気にしていないでしょう。つまり彼は、彼女の判断を即座に否定しているのです。そして彼は彼女の言葉を、力をこめて否定します。マルコには、後代の教会のために、ペトロの否認の場面をこのような形で保存する必要はありませんでした。実際、マルコはペトロの示した不信仰の姿をやわらげて、代表的教会人としての彼

もっと知るには？

ユダヤの裁判に関する法律の必要条件について――
バークレー『マルコ福音書』419－21頁を見よ。

神名について――
J. D. ニューサム『出エジプト記』（現代聖書注解スタディ版、大串肇訳、日本キリスト教団出版局、2010年、39–41頁）を見よ。

冒瀆について――
ジョージ・アーサー・バトリック編『インタープリターズ・ディクショナリィ・オブ・ザ・バイブル』（George Arthur Buttrick, ed., *The Interpreter's Dictionary of the Bible*, Vol. A－D [Nashville: Abingdon Press, 1962], 445)、「神を汚す」（M. S. Enslin）『旧約新約 聖書大事典』（327–28頁）を見よ。

の性格をいっそう人前に出せるものに改変することができたはずです。しかしマルコは、ペトロの嘘をそのむき出しの欺瞞とともに保存しています。

ペトロはこの女中に向かって、二つの告白をしています(14:68)。一つの告白で十分だったでしょう。しかしペトロは、強調することを選びました。彼は、二つの異なるギリシア語の時制と二つの異なるギリシア語動詞を使って、自分はナザレのイエスとは関係がないと宣言します。彼はこれ以上に強調することはできなかったでしょう。

まず、彼はイエスを否認しています〔ここでの著者の議論は新共同訳で「あなたが何のことを言っているか、わたしには分からないし、見当もつかない」と二つの動詞（オイダ／エピスタマイ）が「あなたが何のことを言っているのか」を一つの共通する目的節として訳しているのに対して、ギリシア語本文ではこの二つの動詞がそれぞれ「(イエスを）知らない」と「あなたの言っていることが理解できない」という別々の目的語ないし目的節を持つ可能性に基づいて展開されている〕。次に彼は、女中が言うことを否認します。彼はイエスを知っていたし、今も知っているという事実を否認します。そしてさらに彼は、女中の言うことが理解できないと主張します。彼は〔女中とのやりとりの中でまず〕ギリシア語の完了時制を使ってイエスを否認します。次に彼は、ギリシア語の単純現在時制を使って女中の言うことを否認しています。ギリシア語の完了時制のニュアンスは、過去に始められた行為の影響力が現在に継続していることを指し示すものです。それゆえイエスのペトロの一回目の否認は、次のような響きをもっています。

わたしはイエスのことをこれまでも今もまったく知らないし、

　　また、ご婦人よ、わたしはあなたの言っていることがわか
　　りません。

ペトロはイエスについて嘘をつき、そして大祭司の女中に嘘をつきます。彼は一方を捨て、他方を愚弄します。彼はこれ以上嘘つきにはなれませんでした。彼は彼女の仲間から距離を置きますが、雄鶏の鳴き声の聞こえる範囲にとどまっています。

まもなくすると、この女中は再びペトロを見つけます（14:69−70a)。今回はおそらくペトロの最初のごまかしに苛立ちを覚えていたせいか、彼女は公然とペトロが何者であるかをあからさまにし始めます。「この人は、あの人たちの仲間です」(14:69)。興味をそそるのは、彼女のペトロへの最初の「身元追及」が彼とイエスとの関係であったのに対して、二度目は彼とイエスの弟子たちとの関係だということです。このことがわたしたちに教えているのは、イエスの弟子たちが――イエスの逮捕と彼に対する有罪判決と同時に――すでに周知の実体、つまり社会的責任をもった実体になっていたということです。今日キリスト者であることには、どれほどの責任があるのでしょうか。

この二回目の身元追及については、マルコはペトロの回答を示していません。しかしマルコはわたしたちに、ペトロがさらに続けて虚偽を永続的なものにしようと努力していると語ります（これはギリシア語の未完了時制の効果です)。マルコはわたしたちに、ペトロに関するこのような単純で、むき出しのスナップ写真を手渡します。「彼は否認し続けた」のです。

少し間をおいて三回目の否認が発せられる時までに、その女中が暴露したペトロの身元に関する情報は公然の事実として群衆の中に根を下ろしていました（14:70b)。ペトロとイエスの弟子たちとの関係は、公的な問題になっています。それは特に、彼がガリラヤ育ちであるという事実に関する何か――顔つきか、

訛(なま)りか、服装か――が、彼をここエルサレムで際立った存在にしているからです。ペトロへの追及は、次第に大きくなりました。今や、匿名でいることはできません。「確かに、お前はあの連中の仲間だ。ガリラヤの者だから」(14:70)。ペトロは今や有名人になってしまったのです。

ペトロにとって、これがこれ以上耐え切れない最後の一線でした。彼は崩れます。マルコはわたしたちに、ペトロが呪いを口にし、この三回目にして最後の否認を誓いつつ、敵となり卑劣漢になったと語ります。古代世界においては、呪いは神学的行為です。それによって呪う者は文字通り神の怒りが下るように祈ったのです。それが、ここで使われているギリシア語動詞〈アナテマティゾー〉の意味です。この動詞を音写したのが英語の“anathematize”で、「正式な呪いを宣言する」という意味です。あたかも呪いでは不十分であるかのように、ペトロは呪いの言葉に(神への)誓約を加えて否認を強調しています。ペトロの三回目の否認の極端な激しさは(14:71)、まるで怒っているような様相でわたしたちに飛びかかってきます。しかしマルコはその激しさを弱めようとしてはいません。

するとすぐ、鶏が再び鳴いた。

> 呪われよ。
> わたしは、(神に)誓う。
> わたしは、あなたが言っているそんな男のことなんかまったく知らない。

この瞬間のペトロの唯一の圧倒的な関心は、イエス・キリストから完全に自分自身を切り離すことなのです。彼は、古代世界で人ができうる限りの激しさで、イエス・キリストを遺棄します。そして後の話は知ってのとおりです。

かん高い雄鶏の鳴き声が、夜の闇をつんざきます。そして一つの記憶が、その場でペトロを殺します。「中にくずれる」(4:37と比較)を意味するギリシア語動詞〔エピバロー。4:37では「波が舟の中に崩れる」、新共同訳では「舟は波をかぶって」。14:72の文字通りの翻訳は下記参照。新共同訳「いきなり泣きだした」〕の珍しい自動詞的用法によって、マルコは、くずおれたペトロをわたしたちの腕の中に委ねます(14:72)。文字通りには、

> そして内(側)にくずおれて、
> 彼は泣き出した。

こうしてマルコは、師と弟子の間の性格の比較を終えます。彼は、勇気と臆病の典型的な場面を作り出しました。わたしたちは、この単元(ユニット)を始めたのと同じように単元(ユニット)を閉じたいと思います。マルコがわたしたちにペトロの失墜する姿を提示したのは、弟子であることの完全性が、わたしたちの味わう労苦に対する勇猛心にではなく、ただイエス・キリストの善性と慈愛に基づくということに対する疑念が、どうしても消えない場合に備えてのことなのです。ウィリアムソン(現代聖書注解『マルコによる福音書』424頁)はマルコが解釈の余地を残した未完の結末を受

> 「ペトロは潔白を主張するが、物語によって有罪とされる。イエスは有罪とされ死に値する者とされたが、物語によって潔白で正しく、究極的には勝利者であると宣言される」――ウィリアムソン、現代聖書注解『マルコによる福音書』424頁

け入れます。「ペトロの不決断の罪は、読者に対して、彼よりも良くふるまうように努力しなさいとの暗黙の勧めとして機能する。さらに深いところで、それは人間の現実を描いている。われわれは、神がいつもどのような方であるかをイエスの内に見るとすれば、われわれがいつもどのような者であるかをペトロの内に見るのである」。

そのとおりです。教会は、自己を否定し、十字架を負って、彼の後ろに従うように、イエス・キリストによって召されているのです。

いいえ。教会は結局、自らを肯定し、十字架を降ろして、そして怒りをもってイエス・キリストを否認するでしょう。

「もっと深いレベルでみると」とウィリアムソンは（現代聖書注解『マルコによる福音書』425頁）続けます。

> テキストは福音を宣言している。メッセージの暗い側面は、われわれの高い意識と声を大にしての主張にもかかわらず、われわれはイエスに従っていないということである。われわれは、ペトロのように彼を実際に否定している。福音は、われわれの救いがわれわれの取るに足りない実際の行動に依るのではなく、神の誠実に依るのだということである。イエスの「わたしがそれである」との断言は、被告席にいる神を呼び出す。その神は、われわれの裁きに服して、われわれを裁く。その神は、自分のひとり子を惜しまずにわれわれすべてのために引き渡し、イエスを否定する者たちをさえあがなわれる。その神は、全く考えられないような材料で教会を、すなわち手で造られていない神殿を建てる。その力は弱いところに完全に表わされ、彼の真実性の究極的な立証は、過去にその言葉を成就したのと同じように、確実である。

「ペトロの悲しい後悔の物語は、福音書における、神のあり余るほどの恵みの豊かさを示す古典的な実例として数えられています」――ヘア『マルコによる福音書』（Hare, *Mark*, Westminster Bible Companion, 204）。

ここでイエスは自ら、すべてのキリストの弟子たちが否認することを予告します。それでもイエス自身は、教会をその任務に招き続けます。「命のある限り／恵みと慈しみはいつもわたしを追う」（詩編 23:6）のです。これが明白なのは、マルコ福音書におけるペトロへの次の言及が、イエスの空の墓の中に座っている白い衣を着た若者によってなされているからです。

> 驚くことはない。
> あなたがたは十字架につけられたナザレのイエスを捜しているが、
> あの方は復活なさって、ここにはおられない。
> 御覧なさい。お納めした場所である。
> さあ、行って、弟子たち**とペトロ**に告げなさい。
>
> （マルコ 16:6–7、強調付加）

そしてわたしたちは、永遠にいつまでも、主の家に住むでしょう。

? さらに深く考えるための問い

1. イエスの逮捕後、ペトロは彼の後を追います。この単元（ユニット）は、ペトロの動機について問いを示しています。あなたはなぜペトロが、イエスの後について中庭に入り込んだのだと思いますか（14:54）。もしあなたがペトロの立場に立っていたなら、あなたは、どのように返答したでしょうか。

2. イエスの裁判の出来事は、嘲弄を目的とした見せ物です。これらの告訴は、実証することができません。しかしある意味で、イエスはいつでも裁判にかけられているというある種の感覚が存在します。イエスが今日裁判に立たされるとしたら、どのような問題や告発や嫌疑のために立たされているのでしょうか。
3. この単元(ユニット)は「イエスにとっては、言葉で真理を擁護する必要はない。なぜなら彼はすでに、自分の全人格で真理を擁護してきたからだ」と言明しています。あなたは、この意見に、賛成ですか、それとも反対ですか。なぜそうなのですか、あるいはなぜそうではないのですか。これは、絶対的なものですか。真理が言葉で擁護される必要がある時がありますか。それらはどんな時ですか。
4. マルコ福音書全体は逆説的表現(アイロニー)に満ちています。しかしそれは特に受難と裁判の物語において顕著です。雄鶏がペトロの否認の際に鳴く時、それは何を伝えているのでしょうか。雄鶏がなぜ鳴くのですか。ペトロは呪いを口にし、イエスを知らない、と神聖な誓いをしています。そしてその時、新しい日の始まりが示されます。この新しい日の逆説的表現(アイロニー)について考えてください。今やどんな出来事が、起ころうとしているのでしょうか。終わってしまった取り消すことのできない出来事とは、どんな出来事でしょうか。どんな機会と選択が、前途に横たわっていますか。あなたはこの物語のどこに、あなた自身を見いだしますか。

9

マルコによる福音書
15章16－41節

秘密(ミステリー)が解かれる

わたしたちは、この物語を知っています。それは、当然、世界で最も広く知られている物語です。しかしこの十字架の物語は、親しまれているわりには、知り尽くされたものにはなっていません。わたしたちは年々その深みを探ります。それでもなおその富は変わることなく豊かなのです。

この物語は、わたしたちの脳裏から去りません。しかしわたしたちは、決して完全にそれを信じてはいません。わたしたちにはそれができないのです。誕生物語とは異なり、十字架の物語は、わたしたちを物語に巻き込みます。イエスが生まれた日、わたしたちはただ傍観し、その素晴らしいニュースを受け取っただけでした。たとえわたしたちが宿屋の主人であったとしても、わたしたちはただわびを言って、彼ら〔ヨセフとマリア〕に背を向けてしまったでしょう。わたしたちは、それ以外に何も関係がありませんでした。しかしパウロは、この時「時が満ちた」と判断するのです（ガラテヤ4:4）。

しかしイエスが息を引き取った午後、正確には午後3時、暗闇が3時間続いた後に、わたしたちは、罪悪感で心がねじり取られるような悲痛な思いをします。それはまるで自分が〔十字架に釘を打ち付けるための〕ローマ製の木槌を振るったかのように深い悲しみをもたらします。もちろんそうしたのは事実としてわたしたちではありませんし、またわたしたちはそれを行った人たちを止めたのでもありません。なぜなら、わたしたちはすでに、イエスを遺棄していたからです。いいえ、これはわたしたちが贈り物をもって駆け寄ったあの飼い葉桶ではありません。これは、わたしたちがあの大いなる神からの「贈り物」を消滅させた死刑場だったのです。

正午になると、暗闇が全地をおおった。

わたしたちは、あらゆることにおいてイエス・キリストの死に関係したのです。そしてわたしたちは依然として関係しているのです。これを知ることは神秘的（ミステリアスリィ）にわたしたちを浄化し、わたしたちの自由に基礎を与えます。わたしたちは、使徒信条の中心にイエスのぞっとするような生涯の結末を置いたのです。それは無実の死を告げる弔鐘を鳴り響かせるためです。「苦しみを受け、十字架につけられ、死んで、葬られ、陰府（よみ）に下り……」。もしわたしたちが人間存在のこの暗い中心部にわたしたちが共謀しているという事実を把握できなければ、わたしたちは自分たちの救いを理解しないでしょう。ただわたしたちが十字架を自分のものとする時にはじめて、わたしたちの解放を告げる鐘の音をたゆまず響かせてきた、あの偉大なよきおとずれが、聞こえ始めるのです。

それが、この物語のもつ永遠の力です。

9 マルコ15章16－41節

概要

14章66–72節におけるペトロの否認に関するマルコの物語は、どんな物語にもまして、イエス・キリストの十字架にわたしたちを備えさせるということと密接な関係に置かれています。その箇所においてマルコは、弟子たちがイエスから敗走するという出来事を、ペトロの否認という形に託して表現したのです。常に弟子たちの代表者（スポークスマン）であったペトロは、弟子たちの信実に関する描写のための先例（テストケース）として機能しています。そして彼は失墜してしまいました。十二人の最後のひとりに至るまで全員が、舞台からいなくなってしまいました。

マルコは今や彼の十字架の物語を前進させて、イエスのもとからすべての人々を去らせます。マルコの十字架の描写は、イエスが捨てられていく遺棄の出来事をたどる連祷（リタニー）です。その中で彼は、その死におけるイエスの孤独を鮮やかに描いています。次第にクレッシェンドしながら、この物語は、世界の絶望を示し、その救い主がこの世界と完全に相反目していることを明らかにします。「誤解や裏切りや否認、そして逃亡などによるイエスの弟子たちの失敗は、十字架の場面になってそのどん底に到る。……弟子は一人も存在しない。イエスの放棄は……その頂点に達するのである」（ウィリアムソン、現代聖書注解『マルコによる福音書』438頁）。

> 「あなたもそこにいたのか、主が十字架についたとき」〔『讃美歌21』306番〕。マルコ福音書においては、悲しいかな、その答えは「いいえ」。

イエスとローマ総督ポンティオ・ピラトとのやり取りは、マルコのドラマにおいては重要な場面ではあるけれども、わたしたちは焦点を十字架そのものに制限し、わたしたちの出発点として、15章15節に記されたマルコの不気味な合図を取り上げましょう。「イエスを鞭打ってから、〔ピラトは〕十字架につけるために〔彼を〕引き渡した」。わたしたちは 15 章 41 節を、十字架の場面そのものに対するマルコの結びであると解釈します。というのは、次の節において、夕方になり、公式にこの重大な日が終わるからです。

マルコの十字架物語において、直接的にわたしたちに衝撃を与えるのは、この物語にどれほど多くの嘲笑が詰め込まれているかということです。この終わりの場面でイエスを取り囲んでいるすべての人物は——神と女たちは例外として——イエスを嘲る人々であると解釈することができます。十字架の物語のはじめから終わりまで、被告人は沈黙したままです。マルコの語りによれば、イエスにはたった一つの言葉が残っているだけです。彼はそれを終わりまで、とっておくでしょう。彼は、完全に他人の手に自分の運命を引き渡してしまったのです。

この場面は、非暴力主義のための範型（パラダイム）です。キリストが報復せず、この法的堕落に対峙してわずかな自己弁護をも拒否したことによって、教会による多くの抗議がまがいものであることが見えてきます。教会は、この範例的物語をより深く理解することによって、多くの利益を得るでしょう。

ローマによる遺棄（15:16–28）

まるでメシアに対する死刑判決という誤審が目に入らないかのように、マルコはさらに進んで、イエスの最期の瞬間を、想像を越えるような人々の醜悪な姿で満たしています。だから、十字架につけられたメシアが、「ユダヤ人にはつまずかせるもの、異邦人には愚かなもの」（Ⅰコリント 1:23）であることは少しも不思議でありません。イエスはそれほど屈従的な姿をさらしているのです。自分に投げつけられるものはなんでも、彼はただ無言で受け止めます。このような男が、どうして神の力強い力および永遠の御心となんらかの関わりを持っているということがありえるでしょうか。ピラトがイエスの処罰を放棄して暴徒の手に渡したこと、そしてピラトがその場を去るにあたってイエスを鞭打ったことで、最も卑劣な欲望をさえ満足させたはずだったのです。その時ピラトは、敬意をこめて丁重に護衛兵にイエスを引き渡すことができたであろうし、そうであれば、わたしたちはこの忌まわしい場面をこれで終えることもできたでしょう。

しかし、そうではなかったのです。ローマの兵士たち――イエスを侮辱したからといって決して利益を得る立場にはいない舞台係――でさえ、小さな侮辱の儀式を計画していました。このような報復を誘い出すイエス・キリストとは、いったい何者なのでしょうか。彼は「歩いている死者（デッドマン・ウォーキング）」〔「デッドマン・ウォーキング」は死刑囚の刑が執行されるとき看守がかける言葉。死刑問題を取り上げた 1995 年のアメリカ映画タイトルとして知られる〕なのです。そして看守たちは花道を歩きながら、彼をからかいます。明らかにこれが彼らの計画でした。なぜなら彼らは部隊全員をその見せ物を見物するために呼び集めているからです（15:16）。彼らは部隊の同僚であって、彼らのアイデンティティは、他人が彼らの権威を認めるかどうかに依存しています。そうすることがばかげている時でさえ、彼らは自分たちの筋肉を誇示せずにはいられないのです。

そして兵士たちはイエスに衣を着せ、皇帝に対するかのように敬礼をします。「ダビデ一族のイスラエルの王様、万歳」（15:18〔新共同訳「ユダヤ人の王、万歳」〕）。おそらくこれらのローマ人たちは、ユダヤ教の信仰と習慣を物笑いの種にすることを熱望してきたのでしょう。そしてこの徹底的に侮辱されたひとりのユダヤ人が、彼らにそのはけ口を提供しているのです。この場面全体の皮肉（アイロニー）は極みに至っています。そしてわたしたちは、それを見落としてはなりません。わたしたちは、イデオロギー上の敵対者——一神教のユダヤ人と皇帝崇拝者のローマ人——が、平和の君の死刑宣告を執行するために同盟を結ぶのを目撃する証人なのです。

マルコが描いているように、警備隊は人質となった王を取り巻き、葦の棒で彼の頭をたたき、唾を吐きかけ、彼を拝むふりをします。それは長くは続きませんが、まったくばかげた場面です。彼らが大通りに近づくにつれて、兵士たちはイエスから、ユダヤ人の暴徒に対して王権を示唆するようなものはすべて、抜け目なく取り去ります。仲間内の義務を果たして、兵士たちは自分たちのプロ意識を取り戻します。英語では見えませんが、マルコはドラマ全体をこの時点でよりいっそう生き生きとしたギリシア語の「歴史的現在」へと時制転換しています。「〔彼らはイエスを〕十字架につけるために引き出し……ひとりの通行人にイエスの十字架を無理に担がせ……イエスをゴルゴタに連れていく」(15:20−22)。

「マルコの物語の読者は、この出来事の観客となる——物語に敵対的になるか、無関心のままか、それとも劇的な展開に引き込まれていくのに抵抗できないか」——ヘア『マルコによる福音書』(Hare, *Mark*, Westminster Bible Companion, 214)。

イエスが自力でゴルゴタにまで行き着くことができないのは明らかです。そこで兵士たちは、イエスを介助させるために、買い物に来ていた人間を適当に選んでつかまえます。教会の多くの人たちが、キレネ人シモンを敬愛してきました。それは彼らが、シモンの行為を深い同情の行為であると解釈するためです。映画製作者は、この気高い慈愛に満ちた行為を創始したシモンを描くことがなんと好きなのでしょうか。わたしたちが理解を誤るのは、シモンが自発的に弱り果てたキリストを助けようとしたのではない、ということです。彼は、屈辱的に市場から引き出されて、槍の穂先で囚人の死の行進に参加するように強制されたのです。シモンに、選択の余地は与えられていませんでした。事実は、彼が囚人を手助けして電気椅子にすわらせるように強制されている、ということです。これはただシモンにとっては、途方もない当惑であったことでしょう。わたしたちは、彼が別の日にその町でするべき用事を済ませておけばよかったと、思っていると確信することができます。

彼らはイエスを引いて、恐ろしい場所へと行進していきます。そしてその場所で彼は、麻酔を拒否するのです。「それから、兵士たちはイエスを十字架につけて、その服を分け合った」（15:24）のです。

もう終わりでしょうか。わたしたちは、そうでないことを知っています。ローマの衛兵は、十字架刑を、単にワクチン接種をするかのように実行します。彼らは恐ろしい始まりのボタンを押します。そしてイエスの所持品を手に入れるための駆け引きを開始します。まるでガレージセールにいるかのようです。

歴史におけるこの中心的な瞬間を、これ以上に赤裸々に描写している福音書は、他にはありません。ともかくマルコは、話を飾り立てようとするすべての本能に抵抗します。この場面は、神と人間と世界の未来について、他の何にもましてより多くのことを明らかにしてくれます。そしてマルコはわたしたちに、人々の動きを図解する棒線画（スティック・フィギュアー）を示してくれます。「マルコの物語全体がそこに向かって構成されているこの出来事は……わずか四語〔And they crucified him〕で……報告されている。……なぜそれはそのような力に満ちているのか」とウィリアムソン（現代聖書注解『マルコによる福音書』435 頁）は、驚きをあらわしています。

たしかに、マルコはわたしたちに時刻を告げ、「ユダヤ人の王」（これはイエスと同時にユダヤ人に対する嘲りでもある）という最期の嘲りに満ちた罪状書きをわたしたちに想起させ、そして二人の強盗がイエスと並んで十字架につけられたと書き記します。しかしマルコの場合は、最後の瞬間の赦しの言葉も、彼の母親と最愛のヨハネに向かって語りかける優しい気遣いも、地震も、強盗との会話も、水を求める渇きに満ちた嘆願も、父に霊を委ねる祈りも、終わりの宣言も、聖徒の復活も、「最期の七つの言葉」もありません。

通行人とユダヤ人指導者たちおよび十字架に共につけられた者たちによる遺棄（15:29－32）

ローマ兵士たちにつづいて、マルコは次に、エルサレムの住人、祭司長や律法学者たち、そしてイエスと並んで十字架につけられた二人の強盗を含む、雑多な人々を舞台に上らせます。このマルコによる集団の組み合わせは、階級と社会的地位における広がりを見せており、マルコが、イエスの遺棄の場面を作りあげるのに、どれぐらい情に流されないようにしているかを示しています。イエス・キリストの孤独は、強さを増しています。

> 「もし人々が、われわれのキリスト教を嘲弄するなら、兵士たちがイエスに対して、はるかにひどい行ないをしたことを、思い起こすことによって慰められるであろう」――バークレー『マルコ福音書』431 頁

「通りかかった人々」（15:29）は、十字架上のイエスに侮辱の言葉を浴びせることに、いったいどんな動機をもっていたというのでしょうか。それにもかかわらず、マルコはわたしたちに、まったく見知らぬ人がイエスをののしり続けた（ギリシア語の〈ブラスフェーメオー〉は「冒瀆する」と翻訳することが可能）と語ります。彼らは、一様に激しく頭を振って思いを強調します。「おやおや、神殿を打ち倒し、三日で建てる者、十字架か

ら降りて自分を救ってみろ」。この描写が冷徹に一瞥させるのは、暴徒のように振る舞うわたしたち自身の傾向なのです。

> 「イエスは、二人の盗賊の間で処刑された。それは、イエスの全生涯が最後に至るまで罪びとの友であった、ということの象徴であった」——バークレー『マルコ福音書』434 頁

暴徒のような振る舞いが単に一般の通行人だけが関与する行動ではないことを、わたしたちが理解していることを確認するために、マルコは、エルサレムの宗教指導者たち——聖なる都の聖職者たち——が、〔暴徒たちの〕次の列をなしている、と語るのです（15:31−32）。頭を振る通行人のように、これらの聖なる人たちは、イエスを謗（そし）ります——仲間うちで私的に、そして〔十字架の〕イエスに対して公的に。このように想像してみてください。エルサレムの聖職者協会が、まさにイエスの支持者たちの証言を使って残酷にイエスを嘲笑します。「他人は救ったのに、自分は救えない。メシア、イスラエルの王、今すぐ十字架から降りるがいい。それを見たら、信じてやろう」。

最後にマルコは、法律的に公正な有罪判決をうけた二人の強盗を舞台に登場させます。彼らは、イエスと並んで十字架にかけられていますが、おそらく同型の木製の十字架に釘で打ちつけられています。彼らもまた、恥知らずにも、嘲笑の不快な騒音に加わります。マルコの表現には仮借がありません。「一緒に十字架につけられた者たちも、イエスをののしった」（15:32）。ここでは、罪人に対する楽園（パラダイス）の約束へと続く感動的な出来事は存在しません。

神による遺棄（15:33−38）

この時点で、わたしたちが携えてきたあらゆる光が明滅して消え、わたしたちはマルコによって、暗闇の中心、神の子の死

へと導かれます。マルコはこの息の詰まるような瞬間の意味を、「全地は暗くなった」(15:33) という3時間の暗闇によって示しています。わたしたちは、初期の教会がなぜ使徒信条において、「陰府に下り」という不快な表現をわたしたちに告白させたのかを理解し始めます。わたしたちは、今までにこの告白を大胆にも取り除こうと考えたことがあることに、恥さえ感じ始めます。

マルコの物語の仮借のなさは、十字架上のイエスの描写において特に目につきます。他の福音書記者は、さまざまなイエスの最期の言葉を聞いています。

「父よ、彼らをお赦しください。自分が何をしているのか知らないのです」(ルカ 23:34)
「婦人よ、御覧なさい。あなたの子です。……見なさい。あなたの母です」(ヨハネ 19:26–27)
「はっきり言っておくが、あなたは今日わたしと一緒に楽園にいる」(ルカ 23:43)
「渇く」(ヨハネ 19:28)
「父よ、わたしの霊を御手にゆだねます」(ルカ 23:46)
「成し遂げられた」(ヨハネ 19:30)

しかしマルコにとっては、この危機にふさわしい言葉はただ一つしかありません。

「わが神、わが神、なぜわたしをお見捨てになったのですか」(マルコ 15:34)

マルコは、イエスの最期の七つの言葉を縮約して、絶対的な孤独をあらわすこの一つの叫び声を作り上げます。それによってマルコは単純に、イエスが一人で死んでいった、と言いたいのです。地上には、誰もいないのです。天上にも、誰もいないのです。想像できる最も名のない死なのです。この場面は、フリードリッヒ・ニーチェの冷笑的な主張を、ぞっとするような正確さで描写しています。「『キリスト教』という言葉はすでに誤解である――実際、そこにいたのはただ一人のキリスト者だけであり、彼が十字架の上で死んだのです」。

もっと知るには？

詩編22編について――
ジェローム F. D. クリーチ『詩編』（現代聖書注解スタディ版、飯謙訳、日本キリスト教団出版局、2011年、131–43頁）を見よ。

エリヤおよびメシア待望について――
ジョージ・アーサー・バトリック編『インタープリターズ・ディクショナリィ・オブ・ザ・バイブル』（George Arthur Buttrick, ed., *The Interpreter's Dictionary of the Bible*, Vol. E－J [Nashville: Abingdon Press, 1962], 90）、バークレー『マルコ福音書』255－56頁を見よ。

もちろんわたしたちは、イエスの最後の言葉が彼自身のオリジナルではないことを知っていますし、彼が詩編22編の冒頭の一節を引用していることも知っています。けれども、これは助けになりません。わたしたちは、イエスがこの詩編の嘆きをより意識していたのか、それともメシア的な間接的言及を意識していたのかどうかを、つまりこの詩編の厳粛な始まりを強調していたのか、それとも勝利に満ちたエンディングを強調していたのか、太陽が燃え尽きるまで、論ずることができます。わたしたちは、イエスが叫んだとおりのことを言おうとしたのか、それとも言おうとしたとおりのことを叫んだのかどうか、つまり彼は単に捨てられたと感じたのか、それとも実際に捨てられたのかどうか、について論ずることもできます。わたしたちは、イエスが神学者として叫びを上げているのか、それとも被害者として叫びを上げているのかどうか、そして彼の叫び声が実際に客観的な対象をもっていたのか、それとも彼自身に向けられていたのかどうか、を論ずることさえできます。わたしたちは、論じて、論じて、そして論ずることができます。

しかし真実は、この瞬間が無限に議論を超えているということなのです。この場面は、人間の知性の動きを止めてしまいます。「解釈者は、まずテキストと芸術とについて注意深く黙想し、必要なことだけを語るべきである」（ウィリアムソン、現代聖書注解『マルコによる福音書』444頁）。この瞬間の意味するところは、芸術家に委ねられなくてはなりません。マルコが伝えようとしていることは、人間性豊かな精神にとってのみ理解可能な種類の知識です。語り得るすべては、神が試みそして失敗した、ということです。しかし誰の気にも留まらなかったのです。

イエスの不明瞭なアラム語の「エロイ」を聞き間違えたことによって噴出するエリヤについての口論でさえ、皮肉にも〔遺棄という〕真実を際立たせる嘲笑に変わります。15章36節の傍観者の言葉は、「待て」と翻訳されるべきではなく、いっそう皮肉をこめて「放（ほう）っておけ。エリヤが彼を降ろしに来るかどうか、見ていよう」と翻訳されるべきです。

百人隊長による遺棄（15:39）

もしイエスが遺棄される姿を描くことが十字架を素描しているマルコの主要な目的であるならば、百人隊長にイエス・キリストに対する信仰を告白させることは、問題をはらんでいます。この異邦人の結論的宣言（15:39）については何かと議論されているにせよ、彼の「告白」はこの恐ろしい場面を整理し、その場面をマルコには珍しいやり方で終わらせます。わたしたちは今までに、マルコが決して教会を、危機を脱するための安易な手段としていないことを、すでに理解していなければなりません。さらに、マルコは一般に、あからさまな表現をおさえて意味を伝えることをより好み、沈黙、暗示、並列、皮肉（アイロニー）、その他のより巧妙な文学的技法を使います。マルコはこの終わりの場面で信仰ある異邦人を必須の要素としません。実際、異邦人を登場させることによって彼の芸術作品を破壊していると主張することもできるでしょう。マルコが描くキャンバスは、全体として暗い色をしています。わたしたちはそこにいますが、暗闇の中に立っています。異邦人である百人隊長は、わたしたちのためにろうそくの灯をかかげているのではないかもしれません。

マルコの執筆目的に一貫性を主張する解釈、つまり百人隊長が明白にイエス・キリストを告白しているのではなく、他の人たちと同じようにイエスを嘲笑しているという解釈を検討してみましょう。わたしたちが百人隊長の告白をより綿密に吟味する時、わたしたちは、彼の感嘆を表現する文字通りのギリシア語の語順が「本当に／この人は／神の子／であった」（Truly / this man / Son of God / was being）となっていることに気がつきます。聖書のギリシア語は、ヘブライ語と同じように、元来句読点がありませんから、わたしたちは解釈する際に自由に句読点を補って解釈できるのです。今回わたしたちは、百人隊長が「〜ある／いる」を意味するギリシア語動詞の未完了時制〔英語の“was being”〕を使っているのを発見します。未完了時制は過去をあらわす時制の一つの形であって、過去の行為が進行中であるか、あるいは反復的な性質をもっていることを暗に意味しています。ですから、例えば、もしわたしたちが運動選手の一つのまとまった動作が持続していたことを強調したいならば、ギリシア語の未完了時制を使って「彼女は走っていました（She was running）」と言うことができるでしょう。またこれは、「彼女は走り続けました（She kept running）」と表現することもできるでしょうし、あるいは起動的に「彼女は走ろうとしていました（She was trying to run）」と翻訳することさえできるでしょう。

要点は、この箇所のギリシア語表現が、百人隊長の表明がいくつかの解釈の可能性に対して開かれているということです。イエスが最後の息を引き取った時、直接イエスに面して立っている百人隊長は、信仰を表明するのとまさに同様に、「確かに、この男は神の子であろうとしていたのだ」と、いっそう抑制された評決を言い渡すこともできたでしょうし、あるいは彼は混乱して「確かに、この男は神の子であったのだろうか」と語ることもできたでしょう。あるいは百人隊長は他のローマの人たちのように、冷笑的な感情にとらえられて、「確かにこの男は、かつては神の子であった」と語る可能性もあったでしょう。あるいは――この遺棄の連祷（リタニー）に加わった他の人たちと同じように――彼が嘲笑的な評決を提示している可能性もあります。「もちろん、この男が神の子だったのです」。

女性たちによる遺棄（15:40－41）

最後に、わたしたちは女性たちのところにやって来ました。しかし、この女性たちでさえ、他の多くの人たちが彼女たちに与えたような英雄的待遇を、この解釈者〔マルコ〕から受けることはないでしょう。この悲劇的な一日の終わりに、マルコはわたしたちに、これらの女性たちについて二つのことを語ります。（1）彼女たちは、イエスが死ぬのを遠くから見ています。（2）彼女たちは、イエスがガリラヤにいた時、かつては彼に従い、そして、かつては彼の世話をしていたものでした（再びギリシア語の未完了時制）。

問題は次の通りです。この特別な〔十字架刑の〕瞬間に、忠誠は、わたしたちがかつてイエスと共に行ったことや、あるいはわたしたちがかつてどのように彼に仕えたのか、ということによって成立するのではないのです。イエスはもはやガリラヤにおられません。彼はエルサレムの〔十字架の〕木の上にいます。婦人たちは少なくともまだ舞台の上にいるけれども、彼女たちは遠く離れて、従うのでもなく仕えるのでもないのです。

終わりに

教会に向かってイエス・キリストの十字架について語るマルコの主要な意図は、遺棄の物語を語ることです。マルコは牧会に携わる神学者です。そしてすべての牧会に携わる神学者と同じように、彼は彼の会衆が、受肉を理解すること、自分たちが見捨てられた場合の苦しみを神がどの程度まで共有されるのかを把握すること、を熱望しているのです。同時に、マルコは、信仰を告白するイエス・キリストの弟子たちが、自分自身の中に神を捨て仲間を捨てようとする意志が存在することに直面してもらいたいと考えているのです。神およびわたしたち自身に関するこれらの難しい真実を伝達するのに、一つの普遍的な遺棄の場面を造形する以上に、どんな良い方法があるでしょうか。これがマルコの手法なのです。そしてマルコは、その痛みを軽減するものをほとんど提供してくれません。カール・バルトは、今世紀最大の神学者の一人ですが、かつてマルコ的と呼べるような観察をしています。「真剣に理解すれば、『キリスト者』は存在しない。永遠の、だれもが同じように手に入れることができ、同じように手に入れることができないキリスト者

「彼の王座は十字架であり、その側近者は二人の強盗で、さらに彼の国民は彼を殺す敵対者たちである」――ウィリアムソン、現代聖書注解『マルコによる福音書』440 頁

になる機会だけが存在する」と、バルトは断言しました（バルト『ローマ書講解 下』116頁）。

わたしがここで言おうとしているのは、マルコがその物語において、逆説的表現（アイロニー）を使わずに、目に見える通りにイエス・キリストの真実を伝えようとしている、ということではありません。もちろん、兵士たちが彼の王権を嘲笑している時であっても、わたしたちはイエスの王権の真実を見ています。つまり心の底では、わたしたちは兵士たちが、実際にはイエスを王位につかせていることを知っています。もちろん、ユダヤ人指導者たちがイエスの弱さを嘲笑している時であっても、わたしたちはイエスの弱さの真実を見ています。心の底でわたしたちは、彼らが、実際には彼の力を描写していることを知っているのです。もちろん、傍観者が彼のメシア性を嘲笑している時であっても、わたしたちはイエスのメシア性の真実を見ています。心の底でわたしたちは、彼らが、実際にはイスラエルのダビデに連なる王の顕現を告知していることを知っているのです。そしてもちろん、たとえ百人隊長が嘲笑し、そして女性たちが遠くにとどまっているとしても、わたしたちは百人隊長の告白の真実と女性たちの忍耐の忠実さを見ています。心の底でわたしたちは、彼らがすべて、神の子と面と向かって立っていることを知っているのです。

しかしわたしたちはこのすべてを、言葉の表面的な額面価格ではなく、逆説的表現（アイロニー）を通して見るのです。すべての福音書記者の中でも、マルコは、もしわたしたちが深い悲しみを知らなければ、真の解放が存在しないこと、またもしわたしたちが罪の苦しみを味わい知らなければ、永続的な自由が存在しないことを、理解しているのです。

マルコは、〔受難の〕金曜日が〔復活の〕日曜日へとつづく唯一の有意義な経路であることを、知っているのです。

? さらに深く考えるための問い

1. この単元（ユニット）によれば、十字架を描いている箇所は、他のどの箇所にもまして、神と人間と世界の未来についてより多くのことを啓示しています。なぜでしょうか。イエスの十字架に何が啓示されているのでしょうか。
2. イエスに対する他の人々の反応に、まったく逆のことが起こりました。わずか数章前には、群衆はイエスのもとに押し寄せ、イエスはユダヤ人指導者たちを打ち負かし、そして彼はダビデの子と歓呼の声に迎えられたのです。何がこの逆転の原因だったのでしょうか。群衆や世論を動かすことはどれぐらい容易でしょうか。重要な影響を与えているのは何ですか。ちょっとの間、創造的に考えてみてください。物語はどのように異なっていた可能性がありますか。細部のどのようなところが変わる可能性があったでしょうか。また、その結果はどのようになったでしょうか。
3. この単元（ユニット）は、百人隊長の言明の動機について問いを提起します。あなたは 39 節の宣言によって、百人隊長が何を言おうとしていたと思いますか。
4. マルコの十字架の描写は、他の福音書に示されているものと、少し異なっています。この箇所を、マタイ 27:24–56、ルカ 23:26–49、ヨハネ 19:16–30 と比較してください。どんな詳細が、特徴的にマルコのものですか。それらの細部の描写は、どのようにマルコ福音書の形成に寄与していますか。

10

マルコによる福音書 16章1–8節

秘密（ミステリー）が先導する

わたしたちは、福音書の結びにやってきました。それとも、始まりにと言うべきでしょうか。なぜならわたしたちがすでに単元（ユニット）6で注目したように、文学としての福音書の特徴となっているものは、福音書が後ろ向きに、つまり終わりから始まりに向かって書かれているということです。もちろん多くの物語の筋立て（プロット）は、著者が、物語がどのように終わるかを知っていて、その終わりに向かって筋立て（プロット）を作り上げるという意味で、「後ろ向きに」書かれます。福音書もこの点では例外ではありません。明らかに、マルコは物語がどこに向かっているかを知っており、その方向に向かって執筆しています。文学はあくまでも文学なのです。

しかしながら、福音書の物語は、その終わりにおいて生まれた（そして再生した）文学なのです。人が自分の出生を無視して存在すると言えないように、福音書の物語はその結びを無視して存在すると言うことができません。人間の生命に出生から存在へと有機的な連続性があるように、福音書の物語には終わ

りから存在へという有機的な連続性があるのです。終わりがなければ、福音書の物語は真実さを欠き、もっと悪くいけば、それはまったく想像もつかないものとなります。

福音書の特異な性質

わたしたちが福音書の物語が「後ろ向きに」存在するようになった物語だと言う時、わたしたちが言おうとしているのは、それがその著者から始まったのではなく――つまりそれは人間に好都合な視点からは創造できるような物語ではなく――それが与えられた物語だということです。マルコは、もしイエス・キリストの生涯がこのように終わったのでなければ、この物語を語るために指一本動かすこともできなかったでしょうし、動かそうともしなかったでしょう。おそらくイエス・キリストを想起し続けるための道理にかなった起動力はまったく存在しなかったでしょう。

今、福音書の物語にとって真実であることは、同時に、福音書の物語に一体感を持つ人々つまり教会にとっても真実なのです。キリスト者の存在は、もしイエス・キリストの生涯があのように終わったのでなかったなら、ありえないでしょう。それゆえ、キリスト者の生活の特異な性質は、キリスト教の物語が「後ろ向きに」書かれているように、「後ろ向きに」生きられるということだ、と言うことができます。これが、ヨハネの福音書３章で、イエスがニコデモに教えようとしていることなのです。すなわちキリスト者とは、復活から「後ろ向きに」生まれる人のことであり、キリスト者の存在とは、その終わりにおいて新たに始まる存在だということなのです。イエスがニコデモに本質的に教えていることは、キリスト者の生活はそれを生きる人に起源をもつのではなく、上から与えられるのだということです。

復活の意義

わたしはここで、キリスト教神学と生活の特殊性が、イエスの生涯の物語の結末に存在すると言おうとしているのではありません。そうではありません。福音書の物語の終わり方は、キリスト教を他の宗教から区別するものではありません。単元(ユニット)5で強調されるように、キリスト教を区別するものは、福音書の物語がわたしたちにイエス・キリストの生と死について語っている内容です。しかしこの区別を権威づけるものは、完全に復活の中にあります。

換言すれば、復活は、イエス・キリストが生きそして死んだその特別な生き死にの仕方に、イスラエルの神が確かにわたしたちが聞いているとおりの方であることを示すものとしての権威を与えるのです。復活はまた、イエス・キリストが生きそして死んだその特別な生き死にの仕方に、神の民の正しい生き死にの仕方としての権威を与えるのです。要するに、キリスト教の思想と存在の真実性は、キリストが三日目に「死者の中からよみがえった」かどうかということに完全にかかっています。こういうわけでパウロは、コリントの人々に次のように断言するのです。

> そして、キリストが復活しなかったのなら、あなたがたの信仰はむなしく、あなたがたは今もなお罪の中にあることになります。……この世の生活でキリストに望みをかけているだけだとすれば、わたしたちはすべての人の中で最も惨めな者です。　（Ⅰコリント 15:17–19）

もしイエス・キリストが復活しなかったなら、イエス・キリストの並外れた生き死にの仕方は、勇敢で、理想主義的で、やがて記憶から忘れ去られていく人道主義者たちが作る長い列の中の、もう一つの素晴らしい――おそらく最も素晴らしい――例として、歴史の中にひっそりと後退していきます。しかしもしイエス・キリストが本当に復活したのなら、その時イエス・キリストは、神の力の反面が、弱さの形をした強さであることを証明したことになるのです。そしてもし神の力の反対の側面が弱さの形をした強さであるならば、その時イエス・キリストは同時に、他者の弱さと苦難と死の中に神を探し求めるという教会の愚かな方法に、権威を与えたことになるのです。

「貧しい人々や圧迫されている人々と自己同一化することによって数を増すキリスト者の証言の文学は、監獄も死も消滅させせることのできない力の実在を確証している」――ウィリアムソン、現代聖書注解『マルコによる福音書』457頁

このようにして、終わりは、実際には、キリスト教の始まりなのです。それではなぜ、マルコは、終わりにあたって、これほどわずかな事柄しか語っていないのでしょうか。

概要

マルコの復活の記事は、衝撃的です。しかし問題は、わたしたちが、マルコが語りたいように語ることをめったに許さないということです。復活の物語は（イエスの誕生と死の物語と同じように）他の物語よりよく記憶されており、マタイ福音書とマルコ福音書とルカ福音書とヨハネ福音書を融合した一つの物語として、繰り返し語られる物語です。しかし四つの異なる証言を融合することによって、教会は、四人の有能な芸術家それぞれが与える豊かさを実は喪失しているのです。各福音書は同じ

主題を別個の視点から伝えています。もし誰かが、四人の偉大な画家の描いたわたしたち個人の肖像画から数片を切り取って、それらをキャンバスに貼り付け、一枚の肖像画を造り上げたとしたなら、わたしたちは仰天しないでしょうか。わたしたちが、福音書の描くイエス・キリストの肖像画について自分の肖像画の場合よりも、いっそう寛大であるというのは、どうしてでしょうか。もし、わたしたちが各福音書の証言を一覧表にして一つの物語にまとめてしまう前に、意識してそれぞれの証言に耳を傾けるならば、わたしたちははるかに多くの真実に出会うでしょう。

わたしたちがこれを行う時――つまり、わたしたちが福音書の語り手に個々に耳を傾ける時――わたしたちは、人の期待をかきたてるマルコ福音書の特異性を再発見します。わたしたちは他の福音書の記事を深く愛し、またマルコのテーマに基づいた彼らの興味をそそる「変奏曲」を深く愛しているがゆえに、福音を物語るという発明に到達したマルコの能力を見失っているのです。おそらくわたしたちがマルコを軽視してきたのは、わたしたちが、イエス・キリストの弟子としてあるいは福音書の読者として読後の安心感をもって去ることを、マルコが決して許さないからでしょう。これは特に究極の勝利の物語、つまりマルコの復活の記事に当てはまります。「復活の中にイエスの物語の終結や教会の伝道計画を見出そうとする人々は、別の福音書を見るべきである。それよりもマルコ一六・一―八の意義は、キリスト者の生きる基本的な姿勢についての理解にある。すなわち待望である」とウィリアムソン（現代聖書注解『マルコによる福音書』453 頁）は警告します。

マルコは、イエスの復活がこの物語全体の要であることを、鋭く認識しています。しかもマルコはこの物語の要となる必要条件を考慮して、慎重にその物語を作り上げており、結果とし

「[復活は] 現代のスーパーで売られている大衆紙に『ニュース』として掲載されている一部の大ぶろしきな話と同じぐらい、ばかげたことだと思われたに違いありません」——ヘア『マルコによる福音書』(Hare, *Mark*, Westminster Bible Companion, 223)。

て、わたしたちは満足はしていますがなお切望し、満たされてはいますがなお期待し、確信していますが過剰な確信ではなく、恐れていますが行動をいとわないという状況に置かれることになります。マルコにとっては他の福音書記者以上に、遅れて与えられる満足感が復活の背景となっているのです。それは遅発性の満足感が、キリストの弟子であることの特徴となる課題だからです。

復活を語ることにおいて、マルコは三つの中心的な物語的戦略を展開します。つまり (1) 抑制、(2) 不在、(3) 困惑、です。

「イエスの復活の最初の証人として描かれているのが女性たちであるという事実は、この物語の歴史的真実性をはっきりと示している。というのは、ユダヤ文化においてはだれも、女性にこのような重要な役割を与える物語を作り出すとは考えられないからである」——ドナルド A. ハグナー。リチャード・ロングネッカー編『死に直面する命——新約聖書における復活のメッセージ』(Donald A. Hagner, in *Life in the Face of Death: The Resurrection Message in the New Testament*, edited by Richard Longnecker [Grand Rapids: Wm. B. Eerdmans Publishing Co., 1998], 109) より。

抑制の戦略

他の福音書記者たちと異なり、マルコは、彼が描く「創造の八日目」の記事において、けた外れの抑制を実行しています。彼はわずか八つの節で、このスリラー全体を提示しています。彼はわずか三人の人間にしか、彼が描く復活(イースター)のステージに登場することを許していません。すべて女性です。たったひとりの天使がいます。とは言っても、不思議にも天使とは呼ばれていません。彼は、単に白い長い衣を着た若者にすぎないのです。女性たちは、驚きと混乱と恐怖という情緒的な状態を脱することを許されていません。天使〔若者〕はただ、ナザレのイエスが復活されたということを語ってきかせます。そして彼女たちに、次のことをイエスの弟子たちに告げるよう命じるのです。イエスが予め言っておられたように、弟子たちよりも先にガリラヤに行き、そこで彼らと再会するのを待っておられる、と。これでおしまいです。それが、マルコの八つの節で描かれた復活(イースター)に含まれているすべてなのです。

さてわたしたちは、マルコの記事に何が欠落しているのかを吟味してみましょう（下記を見よ）。特に、マルコの記事が教会にとって、どれほど特異で非標準的であるかに注意してください。

マタイ
大地震／天使が石を転がす／番兵たちは、恐ろしさのあまり震え上がる／ユダヤの最高法院は、弟子たちがイエスの体を盗んだという噂を広めるために、番兵に賄賂を使うことを決定する

ルカ
輝く衣を着た二人の人が婦人たちを咎める／婦人たちは、弟子たちに報告するために戻るが、彼らは信じなかった／ペトロは猛然と墓に急いだ／亜麻布がそこにあった／クレオパともう一人の弟子が、復活日(イースター)の午後エマオに向かって歩いていた／焼いた魚

ヨハネ
マグダラのマリアがひとりでやって来る。マリアはペトロと「イエスが愛した者」のところに戻り、誰かがイエスの体を盗んだと非難する／ペトロとイエスの愛した弟子が墓に向かって競うように走って墓に着く／イエスの頭を包んでいた覆い／マリアは泣いている／白い衣を着た二人の天使がマリアに慰めの言葉をかける／マリアはイエスを園丁と誤解する

マルコは上記のすべてを欠いています。彼は場面を完結し、八つの短い節によって彼の福音書の物語に終止符を打っているのです。マタイは20節を使い、ルカは53節を要し、そしてヨハネは、復活の日とその後のことについて56節を使ってわたしたちの喝采を引き出します。

不在の戦略

上述の省略と同様に驚くべきは、マルコの復活（イースター）にイエスが不在だということです——これは最も驚くべき省略です。復活したイエスを直接経験的に知っている人は誰もいません。イエスは、能動的に自分から姿をあらわすこともなければ、受動的に誰かにその姿を見られることもありません。彼の存在は、白い衣を着た若者によってそれとなく言及されているだけです。

「彼がいないということは、想像もしない現実性をもって、彼が現臨しているということを示しています」——ジョン P. キーナン『マルコの福音書』（John P. Keenan, *The Gospel of Mark: A Mayahana Reading* [Maryknoll. N.Y.: Orbis Books, 1995], 393）

マタイの記事では、十一人の弟子たちはガリラヤに行ってイエスに会うだけではなく、彼を礼拝し、そして、すべての国民を弟子にせよというイエスの説教を聞きます。ルカ版では、イエスはエマオへの道を徒歩で旅する弟子たちの横にそっと並んで、そして夕食の席で彼らの目を開きます。それからイエスは、弟子たちのグループ全体にあらわれて、亡霊を見ていると思って怯（おび）える彼らの恐れを静め、焼き魚を食べ、そして、天に上げられる直前に弟子たちを祝福しています。最後に、ヨハネの物語では、イエスは夜明けに墓地で涙ぐむマリアを驚かせ、夕暮れには錠がかかっているドアを通り抜けて部屋に入ってきて弟子たちの気持ちを静め、そして疑い深いトマスにご自分の傷を見せています。それから一週間後、イエスは、弟子たちと共に湖岸での食事を楽しみ、その間、彼らのイエスへの献身について執拗に質問を繰り返します。これらの精巧に作り上げられた復活のイエスとの出会いの物語に対して、マルコの記事は、実に貧弱に見えます。わたしたちが復活(イースター)のイエスに近づくことがないのは、赤の他人の約束に近づこうとしないのと同じなのです。

困惑の戦略

信じられないでしょうが、マルコは、福音書の物語全体を文の途中でいきなり終わらせています。説明的機能を果たす小さな接続詞が宙づりになっている〔つまり文が接続詞で終わっている〕のです。前置詞で文を閉じることが文法的に間違っていると言う人がいれば、その人は、マルコに仰天するでしょう。もし前置詞で終結する文を文法的に間違いとするなら、マルコは、文法的な反逆罪を犯していることになります。

ほとんどすべての英訳は、このぎこちなくて据(す)わりの悪い結びの文を、なめらかに読めるようにしています。しかし、そうすることによって、それらの英訳はギリシア語テキストを不正に再配列しているのです。実際、結びの文によってあまりに落ち着かない気分にさせられることから、古代の〔写本を筆写する〕写字生たちは、マルコの結びの部分に、さまざまな仕方で自由に改訂を施しています。そのようなわけで、たいていの英訳聖書には「短い結び」と「長い結び」という別の結びが追記され、そして、こまごまとした説明的脚注が付けられているのです。しかしはっきりさせておかなければなりません。マルコの最後の文（16:8）のギリシア語テキストは、最も権威のある新約聖書写本では、文字通りには次のような読みになっています。「そして［女たちは］誰にも何も言わなかった。彼女たちは恐ろしかったのである。なぜなら……」。このように困惑するほど素っ気なく終わるので、教会は永遠にもどかしい思いをさせられることになります。語り手は、話の途中で、今まさに舞台から去っていきます。わたしたちが最も聞きたいと思っているまさにその言葉を、わたしたちは欠いているのです。しかし語り手は行ってしまいました。物語は終わりました。それとも、終わっていないのでしょうか。

この状況を言い換えてみましょう。歴史的で、最も古い福音書の示すイエス・キリストの物語は、不完全なかたちで接続詞で終わっています。ただ『基本英語による聖書』（*The Bible in Basic English*, 1949/ 64）だけが、マルコの結びのもつ迫力をとらえています。「そして彼女たちは、その場所から急いで外に出た。なぜなら恐怖と大きな驚愕が彼女たちを襲ったからである。そして彼女たちがだれにも何も言わなかったのは、恐怖に満たされていたからである。次のことを恐れて……（And they went out quickly from the place, because fear and great wonder had come on them: and they said nothing to anyone, because they were full of fear that ...)」。このマルコ福音書の結びは、英国の新約聖書学者D. E. ナインハム（Nineham）によって「すべての文学的な謎の最大のもの」にほかならないと説明されています（ナインハム、p. 439)。

> 「マルコのイエスの宣教活動、受難、復活は、唐突に、恐れと逃走と沈黙で終局する」――ヘア『マルコによる福音書』（Hare, *Mark*, Westminster Bible Companion, 222)。

終わっていない結び

マルコの復活の記事がわずか８節で語られていることは事実ですが、彼はきわめて明瞭かつ具体的に、ナザレのイエスの復活を証言しています。その証言は（天使のような）若者によって語られており、争う余地がありません。「あの方は復活なさった」（6節）のです。ウィリアムソン（現代聖書注解『マルコによる福音書』450頁）はこのメッセージを、「この単元の核心であり福音書全体を理解するための鍵」であるとし、また「このメッセージは、神の子が見捨てられて死んだということで終わったと思われる悲劇的な物語をドラマティックに逆転する」と述べています。ミュージカルの「ジーザス・クライスト・スーパースター」とは異なり、マルコ福音書には復活が明らかに含まれています。マルコは、出来事としてあるいは教理として、死者の中からのイエス・キリストの復活に異議を申し立てようとしているのではありません。おそらく、復活を妊娠にたとえると助けになるでしょう。必要なのは、小さいことなのです。マルコの「小さい」は、十分だということです。

この奇妙な語り口におけるマルコの目的は、教会を刺激してこの未完成の結びを教会の手で完結させることです。彼がこの物語のいたる所で痛々しいほど強調してきたように、弟子たちがいるべき唯一の賢明な場所は、イエスの後ろです。そして彼らは、イエスが先だって行かれるところに、彼が求めるどんな代価を払っても、意志的に従っていきます。このゆえにこそ、マルコはわたしたちに教会についての見事な描写を残しているのです。この教会とは、その主がわたしたちの先に立ち、そして恵み深くわたしたちの服従を待ち受けておられる共同体です。マルコにおける「大宣教命令」は、ただイエスについてガリラヤに、すなわち彼の公的な宣教活動の場に行きなさいということです。そのような行動をうながす創造的刺激（インスピレーション）は、わたしたちがそこで彼に会うことができるという彼の約束だけです。多くはありませんが、しかしマルコは物語のいたる所で、弟子であることについてのこの小細工のない歌を歌ってきたのです。

この終結部において、マルコは「白い長い衣を着て右手に座っている若者」（16:5）おそらく天使に、福音の告知を託します。若者の告知は、命令と訂正と約束を三重に含んでいます（16:6–7）。悲嘆している三人の女性に、彼は命令します。「驚くことはない。……行って……告げなさい」。そして若者は、彼女たちの考えを訂正します、より正確には、正しい方向に向けます。「あなたがたは十字架につけられたナザレのイエスを捜しているが、あの方は復活なさって、ここにはおられない」。最後に彼は約束します。あるいはより正確には、イエスの約束を伝えます。「あなたが彼の後に従う時、あなたは彼に会うでしょう」（16:7〔新共同訳「あの方は、あなたがたより先にガリラヤへ行かれる。かねて言われたとおり、そこでお目にかかれる」〕）。

> 「女性たちは、死者の中に十字架につけられた方を捜すが、そのとき、自分たちが間違った場所でイエスを捜していると納得させられる」——ウィリアムソン、現代聖書注解『マルコによる福音書』450頁

わたしたちに告げられている最後の事柄は、女たちが実際に去っていったということです。しかしわたしたちには、彼女たちが服従したのかどうかは分かりません。マルコは、女たちが陥った状況をいつもとは異なるかなり強い調子で明言して、彼女たちが敵に包囲されたような状態の中を逃げていく姿を描いています。「婦人たちは墓を出て逃げ去った。震え上がり、正気を失っていた。そして、だれにも何も言わなかった。恐ろしかったからである」（16:8）。これは、不安をかかえた服従の図か、それとも、疑いようもない逃亡の図でしょうか。ウィリアムソン（現代聖書注解『マルコによる福音書』452頁）が主張するように、テキストは後者を指しているように見えます。「最後の節は、その女性たちはしなければならないことはいつも誠実に行なうであろう……という、注意深く育てられてきた期待の上に、まるで爆弾のように落ちてくる。……信仰をもって

従ってきた者たちのあるグループは、ついにここで挫折する」。マルコは教会に、この不安をかきたてるような教会の図を残そうとしているように思われます。すなわち、混乱の中で動きが取れなくなり、神の命令から逃げ、イエスとの約束を守ることから生じる希望を放棄する教会の姿です。

しかしながら、マルコの目的を理解する鍵は、次の点についての彼の持続的な確信です。すなわち、十字架につけられたメシアに従う弟子は、すべてを危険にさらし、一歩踏み出して、従う時はつねに、メシアを復活した十字架のメシアとして経験する、という確信です。まさにこういうわけで、ウィリアムソン（現代聖書注解『マルコによる福音書』452頁）は、そして次第に他の新約聖書学者たちも、マルコの未完の結尾が挑発的であり、また意図的であると気づくようになったのです。「マルコの終わりは終わりではない。読者だけが終わりをもたらすことができる」。教会が自信を持って知ることができるすべては、十字架につけられて復活した方がわたしたちを先導して世界に入っていくこと、そしてわたしたちが従う中で、ご自身が可視的になっていくと約束しておられることです。「イエスと会うためには、女性たちと弟子たちは……先を見なければならない」（ウィリアムソン、現代聖書注解『マルコによる福音書』450頁）。マルコは、福音書の物語のもつ本質的に未完の性質を正しく理解する教会、つまり自分自身を否定し、十字架を負って、物語を完成させる危険を冒す弟子たちの共同体を求めているのです。

> 「われわれの決断によって提示される終わりはイエスを閉じ込めておくことができない。それは、墓が大きな石でイエスを閉じ込めておくことができなかったのと同じである」――ウィリアムソン、現代聖書注解『マルコによる福音書』452頁

まさしく、他の福音書記者とは異なって、マルコは、復活（イースター）の朝にわたしたちを、不安をかき立てる窮地に置き去りにします。

どうして彼は、この輝かしい日を、あえて棺衣で覆うのでしょうか。しかしマルコの主張の核心は、教会はその生命を危険にさらさずして、栄光を垣間見ることができないということです。教会は、イエスからの言葉と、教会そのものを描いた描きかけの肖像だけを与えられています。言葉は慰めを与えますが、その肖像はいらだちをもたらします。

その言葉は、十字架につけられた方が生きておられ、彼が約束したとおり、教会を先導してくださると伝えます。しかしその肖像画は、物語を完成しこれを独力で発見する勇気を持たないわたしたちの姿を描いているのです。

これは、わたしたちの真相なのでしょうか。

? さらに深く考えるための問い

1. マルコの復活の記事を論じる際に、この単元(ユニット)は「わたしたちが復活(イースター)のイエスに近づくことがないのは、赤の他人の約束に近づこうとしないのと同じだ」と語ります。人がイエスに近づく方法は何でしょうか。それは誰か他人の言葉以上のものでしょうか。なぜそうなのでしょうか、あるいはなぜそうではないのでしょうか。
2. もしわたしたちに与えられているマルコ福音書の結びが妥当なものであり、その結果、わたしたちが未完の思想と共に宙に浮いているような状態で置かれているのならば、8節の言語表現をどのように完成すればよいのでしょうか。
3. 女性たちは不安にかられて逃げてしまいました。用語索引（コンコーダンス）を使って、マルコ福音書の中の、恐れ、畏れ、恐れおののく（fear, fright, and terror）という言葉が他の箇所でどのように使われているかを調べてください。恐れを生み出す原因は何ですか。恐れは正しい反応でしょうか、それとも間違った反応でしょうか。それは、なぜですか。

4. 一つないし二つの文で、あなたはマルコ福音書の基本的なメッセージをどのように要約しますか。最初の単元（ユニット）であなたは、「良い知らせ」という表現について理解したことを示すように求められました。今、この学びを終了するにあたって、あなたはその理解にどのような変更を加えることができますか。

文献目録

『アメリカ長老教会憲法　1巻』〔未邦訳〕(*Book of Confessions*. Part I of the Constitution of the Presbyterian Church (U.S.A.). Louisville, Ky.: The Office of the General Assembly, 1996)

『アメリカ長老教会憲法　2巻』〔未邦訳〕(*Book of Order 1998–1999*. Part II of the Constitution of the Presbyterian Church (U.S.A.). Louisville, Ky.: The Office of the General Assembly, 1998)

ウィリアムソン、ラーマー・ジュニア『マルコによる福音書』(現代聖書注解) 山口雅弘訳、日本キリスト教団出版局、1987年 (Williamson, Lamar, Jr. *Mark*. Interpretation. Atlanta: John Knox Press, 1983.)

エリオット、エリザベス『全能の神の陰――ジム・エリオットの生涯と証言』〔未邦訳〕(Elliot, Elisabeth. *Shadow of the Almighty: The Life and Testament of Jim Elliot*. San Francisco: Harper & Row, 1956.)

カルヴァン、ジャン『福音書記者マタイ、マルコ、ルカの調和に関する注解』〔未邦訳〕(Calvin, John. *Commentary on a Harmony of the Evangelists. Matthew, Mark, and Luke*, vol. 1, translated by William Pringle. Repr. Grand Rapids: Baker Book House, 1989.)

『基本英語による聖書』〔未邦訳〕(*The Bible in Basic English*. Cambridge: Cambridge University Press, 1949/ 1964.)

ナインハム、D. E.『聖マルコによる福音書』〔未邦訳〕(Nineham, D. E. *Saint Mark*. Westminster Pelican Commentaries. Philadelphia: Westminster Press, 1978.)

ニーチェ、フリードリッヒ『偶像の黄昏/反キリスト者』ニーチェ全集〈14〉、原佑訳、ちくま学芸文庫、1994年(Nietzsche, Friedrich. *The Anti-Christ*, aphorism 39 (1895). In *Twilight of the Idols; and the Anti-Christ*. Translated by R. J. Hollingdale. Baltimore: Penguin Books, 1968.)

ニクル、キース F.『共観福音書――入門』〔未邦訳〕(Nickle, Keith F. *The Synoptic Gospels: An Introduction*. Atlanta: John Knox Press, 1980.)

バークレー、ウィリアム『マルコ福音書』大島良雄訳、ヨルダン社、1968年(Barclay, William. *The Gospel of Mark*. Daily Study Bible. Rev. ed. Philadelphia: Westminster Press, 1975.)

バルト、カール『ローマ書講解 下』小川圭治、岩波哲男訳、平凡社ライブラリー、2001年(Barth, Karl. *The Epistle to the Romans*, 6th ed. Translated by Edwin C. Hoskyns. Oxford: Oxford University Press, 1933.)

ヘア、ダグラス R. A.『マルコによる福音書』〔未邦訳〕(Hare, Douglas R. A. *Mark*. Westminster Bible Companion. Louisville, Ky.: Westminster John Knox Press, 1996.)

マイネア、ポール S.『マルコによる福音書』（聖書講解全書 17）橋本滋男訳、日本基督教団出版部、1964 年（Minear, Paul S. *Mark*. The Layman's Bible Commentary. Atlanta: John Knox Press, 1960.）

モルトマン、ユルゲン『十字架につけられた神』喜田川信、土屋清、大橋秀夫訳、新教出版社、1976 年（Moltmann, Jürgen. *The Crucified God: The Cross of Christ as the Foundation and Criticism of Christian Theology*. Translated by R. A. Wilson and John Bowden. New York: Harper & Row, 1973.）

リスト、マーティン「黙示思想」『インタープリターズ・ディクショナリィ・オブ・ザ・バイブル』〔未邦訳〕（Rist, Martin. "Apocalypticism," *The Interpreter's Dictionary of the Bible*. Volume A–D. Nashville: Abingdon Press, 1962.）

「もっと知るには？」で取り上げた日本語の事典・辞典

『岩波 キリスト教辞典』大貫隆、名取四郎、宮本久雄、百瀬文晃編、岩波書店、2002 年

『旧約新約 聖書大事典』荒井献、石田友雄他編、教文館、1989 年

『新共同訳 聖書事典』木田献一、山内眞監修、日本キリスト教団出版局、2004年

『聖書学用語辞典』樋口進、中野実監修、日本キリスト教団出版局、2008年

『聖書思想事典』X. レオン＝デュフール編、三省堂、1973年

訳者あとがき

本書はRichard I. Deibert, *Mark*, Interpretation Bible Studies（Louisville, Westminster John Knox Press, 1999）の全訳である。

著者リチャードI. ダイバートは、異例の肩書きを持つ聖書学者である。彼は聖書学者であると同時に医師である。現在も開業医として現役で働いている。ダイバートはデビッドソン大学（ノースカロライナ州）を卒業後、医師を志して、フロリダ医科大学、エモリー医科大学院で医学を修めている（医学博士）。その後、牧師になるべくして長老派のコロンビア神学校（ジョージア州）に学んでいる。神学校の最終学年時に、アラバマ州モンゴメリーに教会を設立するために、要請を受けて、インマヌエル長老教会（Immanuel Presbyterian Church）の共同設立者として奉仕し、毎週、神学校のあるジョージア州から教会のあるモンゴメリーまで片道260キロの道のりを通い始めた。そして卒業後その教会の牧師に就任し、同時に、地域医療のために総合診療医としても開業した。その後イギリスのケンブリッジ大学で、パウロの死をめぐる神学 (Saint Paul's Theology of Human Mortality and Death) の研究で新約聖書学を修めた（Ph. D.）。結果としてダイバートのキャリアは、二つの領域を往来するもの、あるいは重なり合うものとなった。2007年から2009年にかけて、フロリダ州にあるタイドウェル・ホスピス（Tidewell Hospice）のチャプレンを務め、またフロリダ州サンペテルブルグのイカード大学（Eckerd College）の宗教霊性センターの所長（Director of the Center for Spiritual Life）も務めた。現在、フロリダ州のアルカディアで総合診療医（プライマリー・ケア）として、地域医療に従事している。患者を含めた人々の身体的および精神的なケアにかかわる豊かな経験を持った人物である。

本書は、10のユニットをマルコ福音書から切り出して解説している（目次参照)。各ユニットの表題は、イエスを主語にするところを、秘密（ミステリー）を主語にして表現されている——例えば「イエスがあらわれる」が「秘密（ミステリー）があらわれる」となる。マルコ研究の古典 W. ヴレーデの『福音書におけるメシアの秘密』（1901年）以来、マルコ解釈のキーワードとなった「秘密」をイエスと交換的に使用することによって、著者は、マルコ福音書を発見のプロセス、秘密（ミステリー）の開示として読ませることに成功している、と言ってよいだろう。また秘密（ミステリー）は、理解の完全性を常に部分的に留保する。読者は完結することのない——しかもこのスタディ版の境界を越えた——福音書との対話の世界に誘われている。

医師と牧師は、身体的と精神的との領域の違いこそあれ、人の生命を守り育む者として重要な任務を担う。著者はマルコを「牧会者」と呼んでいる。牧会的な視点は、注解的な作業の中には導入しにくいところであるが、本書では、牧師マルコの視点から解釈されている箇所がいくつも存在する。著者のキャリアはその解釈と無関係ではないであろう。教会的・牧会的な気づきや促しを与えてくれる良書として、本書を歓迎したい。

なお本書は、翻訳作業の舵取り役となって下さった、日本キリスト教団出版局の土肥研一さん、飯光さんのプロフェッショナルな仕事なしでは成り立たなかった。本書に翻訳書として秀でたるところがあるとすれば、すべてお二人の力量の賜物である。ここに深く感謝の意を表したい。

2015年 降誕節

挽地茂男

写真・画像出典

写真（横山匡撮影）

19、45、62、103、119、133、148、177、183、199 頁

絵画

27 頁　「キリストの洗礼」

（ヴェロッキオとレオナルド・ダ・ヴィンチの合作　1472–1475 年頃）

83 頁　「ガリラヤ湖の嵐」

（レンブラント・ハルメンス・ファン・レイン　1633 年）

挽地茂男　ひきち・しげお

1950年、大阪に生まれる。
東京大学大学院博士課程（宗教学・宗教史学専攻）を経て、現在、日本基督教団正教師。千歳丘教会牧師。
主要論文　「マルコ福音書における artos」（『東京大学宗教学年報』Ⅲ、1985年）、「マルコ福音書における弟子の無理解の動機」（『ペディラヴィウム――ヘブライズムとヘレニズム研究』27号、1988年）、「イエスの未来とマルコの現在」（『ペディラヴィウム』34号、1991年）、「イエスと弟子たち――マルコ福音書における『弟子』の文学的機能をめぐって」（『聖書学論集』26号、1992年、『日本の聖書学』1号、1995年に再録）他
著訳書　W. A. ミークス『古代都市のキリスト教――パウロ伝道圏の社会学的研究』（共訳、ヨルダン社、1989年）、『世界の宗教101物語』（共同執筆、新書館、1997年）、J. イェルヴェル『使徒言行録の神学』（新教出版社、1999年）、P. パーキンス『マルコ福音書注解』（NIB新約聖書注解2、ATD・NTD聖書註解刊行会、2000年）、『図解雑学 キリスト教』（ナツメ社、2005年）、『マルコ福音書の詩学――マルコの物語技法と神学』（キリスト教図書出版社、2007年）

リチャードI. ダイバート
現代聖書注解スタディ版　マルコによる福音書

2016年1月20日　初版発行

訳　者　挽　地　茂　男
発行所　日本キリスト教団出版局

〒169-0051　東京都新宿区西早稲田2-3-18
電話・営業03(3204)0422、編集03(3204)0424
http://bp-uccj.jp

印刷・製本　精興社

ISBN 978-4-8184-0936-1　C1316　日キ版
Printed in Japan

現代聖書注解スタディ版

創　世　記　ISBN 978-4-8184-0796-1
C. B. シンクレア　小友　聡・訳

出エジプト記　ISBN 978-4-8184-0744-2
J. D. ニューサム　大串　肇・訳

詩　　編　ISBN 978-4-8184-0781-7
J. F. D. クリーチ　飯　　謙・訳

エレミヤ書　ISBN 978-4-8184-0743-5
R. R. ラハ Jr.　深津容伸・訳

マタイによる福音書　ISBN 978-4-8184-0718-3
A. M. マッケンジー　宮本あかり・訳

マルコによる福音書　ISBN 978-4-8184-0936-1
R. I. ダイバート　挽地茂男・訳

ルカによる福音書　ISBN 978-4-8184-0707-7
T. W. ウォーカー　住谷　眞・訳

（以下続刊予定）

ヨハネによる福音書
M. A. マットソン　高砂民宣・訳